AF610766

LES

CONFESSIONS D'UN JOURNALISTE

LES CONFESSIONS D'UN JOURNALISTE

PAR

Charles ROBIN

RÉDACTEUR EN CHEF

DU

COURRIER DE SAINT-ÉTIENNE

SAINT-ETIENNE

IMPR MERIE TYPOGRAPHIQUE DE CH. ROBIN

PLACE MARENGO, 5, ET RUE DE LA BOURSE 1.

1862

LES

CONFESSIONS D'UN JOURNALISTE

PAR

CHARLES ROBIN

I

Delicta juventutis meæ ne memineris
summum jus, summa injuria.

Une guerre impie, acharnée, une guerre à mort nous est déclarée par la faction réactionnaire dont parlait récemment le prince Napoléon à la tribune du Sénat. On ne discute ni nos idées ni nos principes, on ne discute aucun des faits que nous alléguons, on veut nous ruiner, nous tuer, rien de plus, heureusement, mais rien de moins. C'est un assassinat que l'on a projeté, c'est un assassinat que l'on veut accomplir..

Et pourquoi cette haine insensée de nos ennemis, cet acharnement, cette fureur qui touche à la démence?

Tout simplement parce que nous avons eu le courage de prendre pour programme ces belles paroles de M. de Persigny.

« Que les abus dans la société et dans le Gou-
» vernement soient mis au jour; que les actes de
» l'Administration soient discutés ; que le mou-
» vement des idées, des sentiments et des opinions
» contraires vienne éveiller partout la vie sociale,
» commerciale et industrielle. »

Nous ajoutions « qu'organe de l'opinion publi-
» que, nous ne voulions nous inféoder à aucun
» homme, à aucun système, à aucun parti; que
» nous servirions, dans l'humble mesure de nos
» forces, les grands intérêts industriels et com-
» merciaux du département et que nous applau-
» dirions à tous les actes favorables à ces intérêts. »

Enfin, jugeant les actes du pouvoir avec l'indépendance qui seule fait la force de la presse, nous avons applaudi à tous les faits de la politique intérieure et extérieure qui nous ont paru être en harmonie avec les besoins du pays et la dignité de cette grande nation qu'on appelle la France.

Interprète, avant tout, du sentiment public,

nous avons exprimé sa satisfaction, comme son mécontentement, lorsqu'ils nous ont paru désintéressés, légitimes. Au point de vue des intérêts de nos industries locales, nous avons mis en saillie toutes les inventions et découvertes nouvelles, tous les progrès accomplis; et plus de douze cents articles, sur des matières spéciales, ont paru dans nos colonnes depuis le 16 avril dernier. Ces articles puisés tous aux meilleures sources, formeraient à eux seuls plus de six volumes et pourraient presque servir de Code industriel, commercial et scientifique, car ils contiennent tout ce qui s'est réalisé de remarquable en Europe durant cette année.

Nous avons aussi entrepris et mené à bonne fin des Etudes particulières sur les Industries de la Loire. Ces Etudes resteront comme un jalon posé pour les écrivains à venir qui voudraient poursuivre cette œuvre délicate.

Par des reproductions partielles nous avons prouvé que la presse entière aimait à signaler nos efforts en faveur des intérêts généraux et qu'elle avait bien voulu placer, tout d'abord, notre journal, au premier rang des organes sérieux de l'opinion publique en province.

Nos confrères ont d'eux-mêmes, constaté qu'on nous voyait toujours sur la brèche quand il s'agissait de défendre une cause juste, un intérêt respectable, mais nous avons appris à nos dépens qu'il en coûte autant de lutter contre des coteries funestes et des abus invétérés que contre les hypocrisies politiques ou religieuses.

C'est pourquoi nous avons cru devoir expliquer :

Qu'au point de vue politique nous voulons purement et simplement le triomphe des principes de 89 sur lesquels la Constitution de 1852 est fondée ;

Qu'au point de vue religieux, nous désirons, en sincères catholiques que nous sommes, que l'Eglise soit forte et respectée, que le prêtre soit honoré ; mais à la condition qu'il restera dans les limites de son pouvoir spirituel et qu'il ne s'immiscera pas dans les affaires temporelles pour jeter, au profit de partis justement déchus, la perturbation dans les esprits ou le trouble dans les consciences.

Qui le croirait? La fidélité à ce programme, que tous les écrivains honnêtes signeraient des deux mains, a soulevé contre nous des hostilités d'une violence inouïe. C'est ce qui nous faisait dire le 31 décembre dernier :

« Si la loi est là pour réprimer le mal, nous

avons en province des influences assez habiles pour s'y soustraire : elles s'arrangent de façon à lui échapper. Nous avons aussi, comme l'a révélé le procès Plassiart, des tyranneaux de clocher aussi rusés que vindicatifs, et devant lesquels la peur s'incline. Il n'y a qu'une force aujourd'hui qui puisse devenir la protectrice des faibles et la terreur des individualités élevées et malfaisantes : c'est l'opinion publique, puissance collective, union de tous contre les quelques-uns qui se croyent les plus forts. »

Dans ce même numéro du 31 décembre et comme si nous avions eu à cette époque le pressentiment de ce qui nous arrive, nous terminions ainsi notre article :

« Nous respectons toutes les idées et toutes les opinions, à une condition, toutefois : c'est qu'elles se produisent loyalement ; nous ne combattons ni les regrets de ceux-ci, ni les aspirations de ceux-là ; nous luttons simplement contre les hommes qui feignent d'accepter l'ordre de choses établi, pour le trahir plus sûrement.

» Le Gouvernement de l'Empereur ne saurait croire combien le nombre est grand des gens qui le trompent et l'abusent. Et cette situation n'est due en partie qu'au silence presque forcé de la presse des départements, qu'on laisse écraser par la calomnie, ou par des manœuvres déloyales, quand elle a le courage de crier, comme nous : à bas les masques ! Et M. de Persigny reconnaîtra, s'il ne l'a déjà reconnu, la nécessité de protéger l'indépendance des journaux assez honnêtes pour se montrer, en province, aussi justes envers le Gouvernement qu'indépendants envers l'Administration et les influences locales, presque toujours pernicieuses dans les pays d'obscurantisme.

» Sans cette protection, nous le déclarons à M. de Persigny, les recommandations de ses circulaires ne peuvent être suivies : il sera impossible à un journal de discuter les partis hostiles, de combattre les menées ténébreuses, de critiquer, s'il y a lieu, les actes de l'Administration municipale ou autre.

» Les meilleures intentions du journal seront toujours méconnues, et ses critiques, quelque sincères et fondées qu'elles soient, seront toujours présentées ou comme des attaques personnelles ou comme des actes d'hostilité. »

Nous avons cru utile de remettre ces passages sous les yeux de nos lecteurs, parce qu'ils n'ont pas été écrits pour les besoins de la cause que nous avons à plaider aujourd'hui, parce que tout notre passé, quoiqu'on en dise, prouve que nous avons toujours repoussé toute idée de personnalité et de polémique agressive. Nous cherchions et nous cherchons encore le bien, nous voulons le vrai, et si parfois nous avons été amené à discuter des individualités, nous n'avons jamais eu en vue que les abus, les idées ou les principes qu'elles représentaient.

Notre propre intérêt d'ailleurs nous commande de fermer nos colonnes à toutes les causes d'antagonisme et d'irritation des esprits. C'est sur le terrain de la conciliation de tous les intérêts que nous faisions appel à toutes les consciences honnêtes, à tous les cœurs sincèrement dévoués au progrès industriel, à la prospérité du pays et à la gloire de la France.

On verra comment cet appel a été compris, comment on y a répondu. Mais, avant d'aborder ce chapitre, nous croyons devoir rappeler encore que dans notre numéro du 6 février nous revenions sur la dédicace de M. About que nous avions reproduite la veille, dédicace adressée par cet écrivain aux honnêtes gens de toutes les opinions à la suite des cabales organisées, non contre *Gaëtana*, mais contre l'auteur de la *Question romaine* et de *Rome contemporaine*. Eh bien, le parti qui poursuit en M. About le révélateur des abus de la papauté est le même qui poursuit en nous le journaliste qui a défendu obstinément la grande cause italienne et la politique de la France. Ce parti a tout exploité contre nous avec une infatigable persévérance, et les amours-propres que nous avons pu froisser en signalant des inepties, et les intérêts que nous avons pu léser en nous élevant contre des abus, ainsi que le recommandait M. de Persigny.

Nous faisions remarquer que l'histoire de M. About avait beaucoup d'analogie avec la nôtre. Comme lui nous pensons que si nous nous étions exercé à nager entre deux eaux, nous serions bien avec tout le monde; nous inspirerions à tous les partis une indifférence aimable. Nous pourrions dire des choses bonnes, médiocres et même mauvaises, par exemple, sans soulever la moindre opposition. Mais à l'exemple de M. About, nous avons mieux aimé remonter les courants et « casser la glace à coups de tête. »

Tant pis pour nous. Nous aurions dû comprendre que les ennemis du Gouvernement n'entendent point qu'on lui dise la vérité, ni qu'on divulgue les manœuvres à l'aide desquelles ils cherchent à en avoir raison.

M. About constate « qu'il y a deux partis en France : l'un qui donne toujours raison au Gouvernement lors même qu'il a tort ; l'autre qui lui donne toujours tort, lors même qu'il a raison. »

M. About se trompe. Il y a un troisième parti qui lui donne toujours raison en apparence et toujours tort en réalité. Il y a la conduite pour envahir le pouvoir, il y a la conduite pour arriver à le renverser.

Le premier compose une majorité imposante mais passive ; les deux autres forment une coalition active, puissante, adroite, remuante, qui remporte des victoires regrettables.

M. About pense que s'il avait épousé l'opposition, l'opposition l'aurait défendu sans nul doute contre les champions du pouvoir. S'il s'était inféodé au Gouvernement impérial, il a lieu de croire que la force régnante lui aurait prêté quelques-uns de ces arguments sans réplique dont elle dispose en temps d'émeute.

C'est une double erreur.

L'opposition proprement dite, comme l'entend M. About, n'est ni assez forte ni assez dévouée pour soutenir ses soldats, et le Gouvernement n'est pas suffisamment éclairé sur les combats qu'on livre à ses défenseurs. Il n'y a qu'un parti qui soutient bien ses hommes, c'est celui qui n'avoue pas son opposition, tout en la poursuivant avec une haine d'autant plus dangereuse qu'elle se dissimule.

M. About prétend que les partis, masses brutales, veulent qu'on les serve sans condition.

« Es-tu pour l'Empereur? Il faut approuver tout, la paix, la guerre, les traités inattendus, les espérances données, retirées, rendues, suspendues, les libertés sagement comprimées ou noblement rétablies, Novembre et Décembre, l'occupation de Rome et la campagne d'Italie, le ministère Falloux et le ministère Persigny, tous les ministères, tous les ministres, tous les préfets, tous les sous-préfets, tous les maires et Plassiart lui-même, jusqu'au jour où Plassiart est condamné en police correctionnelle! Si tu oublies un seul de ces devoirs, tu seras un homme peu sûr, un brouillon dangereux, sur qui personne ne peut compter, et qui ne doit compter sur personne.

» Es-tu contre l'Empereur? Tu appartiens à l'opposition, et tu dois marcher avec elle, quoiqu'elle fasse. Il faut qu'en toute circonstance tu condamnes le Gouvernement sans l'entendre. S'il accorde une amnistie à tes plus chers amis, tu flétriras l'amnistie. S'il prend les armes pour l'Italie que tu adores, tu prendras les armes contre lui. S'il discute le pouvoir temporel que tu déplores, tu défendras le pouvoir temporel. S'il relève au dehors la gloire du drapeau français, tu feras cause commune avec les ennemis de la France. Sinon, tu n'es qu'un faux opposant, un ennemi de la liberté, un apostat, un traître ! »

Naturellement cette morale des partis n'est ni celle de M. About ni la nôtre. Il ne l'adoptera jamais, quoi qu'il puisse lui en coûter, ni nous non plus, et s'il aime mieux être sa victime que son complice, nous partageons entièrement sa manière de voir.

Comme M. About, nous avons l'habitude d'écrire ce qui nous semble juste, vrai, honnête et dans le programme que nous avons indiqué. De là des ennemis, et, comme nous avons aussi le style franc et la dent un peu dure, de là des haines d'autant plus implacables qu'elles se compliquent de passions politiques surexcitées, d'animosités personnelles et de rancunes qui ont pris naissance dans notre rude franchise. Si ces ennemis, ces haines, ces passions, ces animosités et ces rancunes ne constituent qu'une infime minorité, si c'est une cabale et une cabale dont l'opinion publique, dans l'un et l'autre cas, sait faire prompte et bonne justice, parce qu'en France, où on aime les guerres loyales et courageuses, on réagit toujours contre les menées ténébreuses et contre les hostilités injustes, il n'en est pas moins vrai qu'il y a des attaques à ébranler la foi la plus robuste, à abattre le courage le plus énergique. Telles sont celles dont nous avons été l'objet et auxquelles nous ne pouvons répondre qu'en opposant notre vie tout entière à ce qu'elles peuvent avoir d'attentatoire à notre honneur et à notre considération.

Tout individu étranger à une localité et qui vient y occuper une certaine position, devrait commencer par publier sa biographie avec pièces à l'appui des faits. Plus l'individu s'élèvera par son intelligence, plus il éveillera de jalousies; et de là aux commentaires fâcheux il n'y a pas loin. Pour un journaliste qui, de Paris, vient prendre dans une ville quelconque la direction d'un journal, la nécessité biographique est bien plus impérieuse. Quoi qu'il fasse, qu'il soit blanc ou bleu, opposant ou gouvernemental, qu'il n'ait même aucune opinion et que, pour plaire à tout le monde, il s'ingénie à ne déplaire à personne, avant un mois de séjour, il aura des ennemis, et alors commenceront les critiques, les remarques désobligeantes, puis les médisances et enfin les calomnies. Qu'il parle ou qu'il se taise sur la politique intérieure ou extérieure, ennemis! Qu'il parle ou qu'il se taise sur les actes de l'administration, ennemis! Qu'il discute pour, qu'il discute contre, ennemis! Qu'il applaudisse ou qu'il critique, ennemis, toujours! La louange comme le blâme, le silence même créent à un écrivain des adversaires. Et si cet écrivain comprend les graves obligations qui lui sont imposées et s'y soumet, il peut s'attendre à voir se changer en ronces et en épines les plumes de sa couche.

Tel que nous le comprenons, le devoir du publiciste qui veut se rendre digne de la confiance du public en province est une œuvre accablante. Sa parole ne doit jamais se laisser égarer par aucun sentiment personnel; les intérêts généraux doivent être les seuls guides de sa pensée. Passions individuelles, préférences de coteries, affections intimes doivent être sacrifiés à la grande cause de la liberté et de l'indépendance des peuples. Les mobiles de son jugement doivent être la justice, l'équité, l'utilité sociale, et le premier il est tenu de donner l'exemple du désintéressement, de l'abnégation, du dévoûment. Sa route est toute tracée. Exposer sincèrement, honnêtement la situation du pays, éclairer les citoyens sur leurs droits comme sur leurs devoirs, protester contre les actes honteux ou coupables, exalter les nobles sentiments, flétrir la bassesse des uns, la cupidité des autres, activer le progrès des esprits, pousser le pouvoir dans toutes les voies qui peuvent assurer la puissance de la France à l'extérieur et sa prospérité à l'intérieur, se préoccuper incessamment de l'amélioration morale et matérielle du peuple, faire une guerre à outrance aux abus, entretenir la foi dans la liberté, stimuler l'indifférence, ne laisser aucune conviction s'éteindre, aucune énergie s'abattre, faire face aux hostilités administratives, lutter contre la haine des ennemis du progrès, discuter les hommes sans craindre les inimitiés, exposer les choses sans se préoccuper des rancunes qui s'en suivront ; voilà le sacerdoce à remplir par la presse pour qu'elle soit à la fois un organe et une représentation, un enseignement et un flambeau.

On verra quelles tempêtes nous avons soulevées et par quelles étamines on nous a fait passer pour avoir ainsi compris notre devoir de journaliste.

La dernière preuve est une condamnation, par défaut, à trois mois de prison, 500 fr. d'amende et 500 fr. de dommages-intérêts pour des lettres, que nous n'avons pas écrites, sur l'éboulement de la voûte du Furens.

Ce jugement a été prononcé après opposition de notre part à un premier jugement qui ne nous condamnait qu'à l'amende et à des dommages-intérêts. Mais l'impossibilité où se trouvait M. Jules Favre de venir présenter notre défense, nous avait fait renoncer à notre opposition. Seulement, Me Primat, notre avoué, n'avait pas cru devoir envoyer un désistement, et nous avait même fait dire qu'il était inutile de nous présenter. Selon lui, quand on ne se présente pas pour soutenir une opposition à un jugement par défaut, on est débouté de son opposition, et le premier jugement est purement et simplement confirmé. Il n'en a pas été ainsi cependant, puisque, contrairement aux avis de notre conseil judiciaire, contre toute attente, en notre absence, M. le procureur impérial a prononcé un réquisitoire à la suite duquel la peine a été aggravée dans les proportions que nous venons d'indiquer.

En vertu de la loi, qui interdit de rendre compte des débats de tout procès en diffamation, nous sommes donc dans cette triste situation de ne pouvoir ni discuter ni analyser le réquisitoire, quel que soit l'intérêt que nous aurions à le faire; comme nous avons été dans l'impossibilité d'y répondre, par suite de l'avis de notre avoué, nous disant que nous n'avions pas à nous présenter à l'audience.

Que la loi soit dure en cette circonstance, c'est la loi, *dura lex, sed lex*, et nous devons la respecter. Mais ce qu'il nous est permis de faire, c'est de discuter les considérants du jugement et de répondre aux interprétations formulées en public, aux faits dénaturés à ce point par nos ennemis qu'ils peuvent porter atteinte, sinon à notre honneur, du moins à notre considération. Or, pour ne négliger ni un fait ni une interprétation, pour parler à tout le monde sans répondre à personne, une seule voie est ouverte, c'est l'auto-biographie, tâche assez pénible, car il est extrêmement difficile de se définir soi-même et il est plus difficile encore de raconter d'une façon convenable et vraie les épisodes plus ou moins risqués de sa jeunesse.

On ne s'attend pas, sans doute, à ce que j'écrive une histoire complète de ma vie en quelques jours et en quelques feuilletons. J'ai touché à tant d'hommes, à tant de choses et à tant d'événements depuis vingt-cinq ans qu'il me faudrait des volumes pour résumer un tel sujet. D'ailleurs, je ne prends pas la plume aujourd'hui pour faire une histoire, mais seulement pour épancher une souffrance qui me déborde, la souffrance que cause l'injustice, pour faire cesser l'anxiété qui s'agite en moi et réduire à leur juste valeur les bruits que l'on s'est plu à propager. J'ai toujours considéré comme de mauvais goût de parler de soi, d'entretenir le public de sa personnalité. Il y a des heures dans la vie où on a un besoin irrésistible d'expansion, mais dans l'intimité et non dans un journal où la vie de l'âme, l'histoire de son propre cœur ne peut être entreprise même en vue d'un enseignement. Il y a des considérations de famille qui s'y opposent. Cependant le récit de certaines luttes serait le salut de plus d'un de nos semblables si chacun disait ce qui l'a fait souffrir et ce qui l'a sauvé.

C'est dans ce but que saint Augustin a écrit ses *Confessions*, tandis que Jean-Jacques n'a entrepris les siennes que pour repousser des calomnies publiques. C'est le milieu passionné, corrompu, dans lequel il vivait qui le poussa à de sublimes protestations, ce sont ses cruels détracteurs qui le forcèrent d'accuser et d'avouer les fautes de sa jeunesse.

Ces fautes, n'étaient, selon George Sand, que des bêtises, et elle avoue en avoir commis qu'elle divulguerait au besoin, car elle ne reculerait pas devant une pénitence publique. Elle a volé dix sous chez sa mère, et pour les avoir elle n'avait qu'à les demander.

« La plupart de nos fautes, à nous autres honnêtes gens, dit-elle, ne sont rien de plus que des bêtises, et nous serions bien bons de nous en accuser devant des gens malhonnêtes qui font le mal avec art et préméditation. »

Plus loin, le grand écrivain ajoute qu'il faut

laisser à ceux qui nous connaissent le soin de nous absoudre de nos fautes et d'apprécier nos qualités, car comme nous sommes tous solidaires les uns des autres, il n'y a point de faute isolée; il n'y a point d'erreur dont quelqu'un ne soit la cause ou le complice, et il est impossible de l'accuser sans accuser le prochain, non pas seulement l'ennemi qui nous attaque, mais encore parfois l'ami qui nous défend.

George Sand a raison, mais ce qui serait vrai pour un individu, pour un romancier, ne l'est plus pour l'écrivain qui personnifie un journal et qui a besoin, pour rehausser l'autorité de sa parole, de jouir d'une considération incontestée. Si cette considération est atteinte, il doit la défendre ; si sa vie publique ou privée est attaquée, il doit l'exposer au grand jour, ses lecteurs apprécieront. Ce sont les conseils des Baziles de notre époque qui me contraignent à cette nécessité. Donc je commence en prévenant que je tiendrai les preuves de tous les faits que j'avancerai à la disposition de qui voudra en vérifier la rigoureuse exactitude.

II

Je suis né à Nancy et je descends par mon père de ce qu'on appelait autrefois une famille de robe. Mon aïeul était procureur à Haraucourt. Ma mère était Allemande et originaire de Mayence. Le mariage de mon père fut un mariage d'amour ou d'inclination, comme on voudra. Attaché au ministère des finances sous l'Empire, il habitait le chef-lieu du département du Mont-Tonnerre, lorsque dans une soirée il vit ma mère, fut frappé de sa beauté et l'épousa. En 1814 il dut revenir en France et rentra dans son pays natal, à Nancy, où il mourut six ans après du chagrin qu'il avait éprouvé de voir les alliés régner en maîtres sur notre sol. Là est le secret de ma haine contre la Restauration.

Ma mère resta donc veuve à trente ans à peine, avec trois fils dont j'étais le plus jeune. Mes deux frères sont morts depuis.

Mon père avait deux frères et une sœur. M. Robin qui fut directeur de l'enregistrement et des domaines à Colmar; M. Robin, marchand de fer, et je pourrais ajouter millionnaire, à Nancy, enfin

Mlle Robin qui avait épousé M. Mauljean, un des plus riches négociants des Vosges.

Mon oncle de Colmar avait deux fils, l'un avocat et aujourd'hui magistrat; l'autre ingénieur des mines dans le Bas-Rhin ; M. Robin de Nancy resta avec une fille qui a épousé M. Denis, autrefois notaire à Nancy et actuellement l'un des administrateurs du chemin de fer de l'Est. Mme Mauljean, ma tante, avait cinq enfants qui sont tous dans le commerce et à la tête des premières maisons des Vosges.

C'est dans ce milieu de famille, et gâté outre mesure par ma mère, que je fus élevé. A douze ans j'entrai au collége de Nancy, qui avait alors pour proviseur M. l'abbé Menjaud, depuis évêque de Nancy, aumônier de l'Empereur, et mort récemment archevêque de Bourges. J'eus depuis l'occasion de revoir Mgr Menjaud à Paris, et il ne me ménagea ni les conseils ni les encouragements dans l'ingrate carrière des lettres que j'avais adoptée.

J'avais entr'autres, pour voisin et pour camarade d'enfance, comme compagnon de mes jeux, Antoine Drouot, aujourd'hui député et neveu de l'illustre général, que j'eus plusieurs fois le bonheur de voir chez ma mère. A cause de sa cécité, il me reconnaissait à ma voix et m'aimait beaucoup : « Tu feras un rude gaillard, me disait-il souvent en me tapant de la main sur les joues. » Si le gaillard a été rude, il a été rudement éprouvé.

L'existence un peu claustrale du collége et la discipline exerçaient sur mon esprit et sur mon tempérament nerveux à l'excès une influence funeste. Il y a des plantes qui demandent à se développer à l'air libre, en plein soleil, en rase campagne. Privé de l'élément vital nécessaire à ma nature, j'eus des révoltes d'enfant qui me firent classer au nombre des mauvaises têtes. Après 1830, les élèves furent partagés en deux camps, les royalistes et les patriotes. Dieu sait le nombre de horions distribués et reçus à ce sujet. J'étais bien entendu l'un des chefs patriotes, et soit aux recréations, soit à la promenade il y avait toujours des rixes. Dénoncé un jour par le concierge, je fus puni et me vengeai. Il avait une jolie collection de fleurs. Un soir, j'arrosai tous les pots avec une cruche d'encre, et le lendemain toutes les plantes étaient mortes. Je passe sur d'autres misères qu'en enfants cruels nous fîmes subir à nos maîtres d'études.

A seize ans, je sortis du collége, j'étouffais. Il fallait à ma nature ardente une grande activité.

Ma mère, à cette époque, était intimement liée avec deux vieilles demoiselles qui avaient un frère, M. de Froidefontaine, capitaine de vaisseau dans la marine. Je l'avais vu chez ses sœurs. Il nous racontait ses voyages, ses campagnes, je traversais les mers en imagination ; je pénétrais dans des pays inconnus ; je faisais naufrage chez des sauvages, que sais-je? Bref, je lui demandai de partir avec lui. Ma mère faillit mourir à l'idée d'une séparation. Mais je plaisais au capitaine ; il se chargeait de me faire recevoir aspirant volontaire, et je fus si carressant pour ma mère, qu'elle donna son consentement, à la condition, pauvre mère ! que je lui écrirais tous les huit jours !

Je partis pour Toulon avec un trousseau à faire le tour du monde et des recommandations dont j'espérais me rendre digne. A dix-sept ans, j'étais fourrier de marine et j'avais déjà eu deux duels.

Ma diable de nature indisciplinée m'emporta si loin que j'eus avec un jeune officier une altercation des plus touchantes, qui n'eut d'autre suite, grâce à M. de Froidefontaine, que de me faire rentrer sous l'aile maternelle. La marine était malsaine pour mon tempérament.

Mes oncles voulurent alors me faire entrer dans l'industrie ou dans le commerce, où une excellente position m'attendait. J'essayai même du magasin chez l'un d'eux avec perspective d'un riche mariage. J'avoue même qu'une de mes jeunes cousines m'aimait déjà. Mais après dix mois de cette vie, je souffrais tant au moral et au physique que je me sentais mourir. Ajoutez à cela que je passais mes nuits à lire des romans et à ébaucher des vaudevilles.

A ce moment, dans les premières années de la monarchie de Juillet, des bruits de guerre circulaient, on parlait surtout d'affranchir la Pologne. Cette idée, d'aller guerroyer pour l'affranchissement d'un peuple, exaltait mon imagination. Un nouvel assaut fut donné à l'amour maternel, et à dix-huit ans, je m'engageais dans le 54e de ligne, uniquement parce qu'il était à Paris. Je me faisais soldat pour voir la capitale et aller en Pologne.

M. de Négrier, que je vis mourir en 1848 à Paris, était colonel de ce régiment. J'avais pour lui plusieurs lettres que je lui portai, et il me reçut avec une bonté toute paternelle. J'étais, du reste, blond et rose comme un enfant de quinze ans, et avec quelques autres engagés volontaires, aujourd'hui officiers supérieurs, nous étions considérés comme des fils de famille. Je suis encore en correspondance avec des camarades de ce temps-là qui me prédisaient tous un brillant avenir. Il y avait surtout un vieux sergent qui ne voyait en moi qu'un futur général; en riant, il m'appelait toujours son officier. C'est à lui que le colonel Négrier m'avait confié par une de ces phrases qui valent bien des volumes. Ce brave sergent m'avait donné un soldat qui, moyennant une légère rétribution mensuelle, nettoyait mon fourniment, entretenait mes effets et faisait mes corvées ; je n'avais qu'à apprendre l'exercice. Six mois après j'étais caporal, et l'arrosage des galons dura trois jours ; mais, avec le colonel Négrier, cela ne tirait pas à conséquence. Malheureusement le régiment partit pour Lille, et le colonel Négrier fut nommé général ; malheureusement encore on nous envoya à Colmar, où j'avais mon oncle directeur de l'enregistrement, et mon cousin, avocat libéral, qui me fit admettre dans un cercle dont il était président.

Par ces liens de famille j'étais reçu dans la société. J'endossais le soir des vêtements bourgeois, et j'allais à tous les bals et à toutes les soirées où ma famille se rendait.

J'étais un peu poète, et au lieu de m'occuper de mon Manuel, j'exhalais les plaintes que m'arrachait le métier assez monotone de soldat. Il n'était plus question d'aller en Pologne, et la vie de caserne ne pouvait me convenir. Je chantais ; c'étaient des hymnes d'une âme désolée qui évoquait la gracieuse figure d'une jeune fille ; en un mot, l'amour me troublait pour la première fois, et ma pensée flottait incertaine entre un présent stérile et un avenir incertain.

Bien que l'amour d'une jeune fille ne soit pas toujours le plus profond et le plus durable, c'est à coup sûr le plus poétique des amours. Plus tard, après les premières illusions évanouies, la femme hésite davantage; elle lutte plus longtemps; elle résiste avec une détermination plus obstinée; mais aussi, quand les forces lui manquent, elle cède avec plus de foi et d'entraînement, parce qu'elle cède avec connaissance de cause, et qu'elle se croit sûre de son choix. Dans la première heure d'orgueil blessé, la femme qui a déjà subi l'abandon a beau se promettre de demeurer invincible, vain serment! Après quelque temps d'isolement, elle rencontre un cœur qui paraît vraiment épris, et elle commence à trouver injuste d'envelopper tous les hommes dans l'indifférence que l'un d'eux a méritée. La jeune fille, au contraire, encore inexpérimentée, ne connaissant des mystères du cœur que ce qu'elle en a pressenti, heureuse et fière de l'admiration qu'elle inspire, abandonne avec joie son cœur au premier qui le lui demande, se livre tout entière au bonheur d'aimer, parce que dans sa pensée, aimer, c'est la félicité du ciel.

Avec quelle confiance adorable ne se jette-t-elle

pas dans les premiers bras ouverts pour la recevoir. Pourquoi se défierait-elle de celui qui lui parle un si doux langage, dont les regards sont si tendres, dont les bras l'enlacent avec tant d'ivresse? Où aurait-elle appris à craindre? A ses yeux celui qu'elle aime est un être à part, créé exprès pour elle, et envoyé par Dieu sur la terre; c'est à la fois le plus beau, le plus tendre, le plus courageux des hommes. Elle trouve en lui, quel qu'il soit, la réalisation de tous ses rêves, car c'est lui qui, le premier, lui a révélé tous les trésors d'une mutuelle sympathie.

Cette jeune fille je l'avais rencontrée à Colmar. Sa famille habitait Bâle, et un jour il fallut se séparer. Elle rentra en Suisse. A partir de ce moment je n'eus plus qu'une pensée, la rejoindre. Je fuyais la compagnie joyeuse de mes camarades, jeunes gens qui, pour la plupart, s'étaient engagés au premier bruit de guerre et qui cherchaient dans les plaisirs une consolation à leurs espérances déçues. Nous passions en général et nous étions en réalité de francs mauvais sujets.

Un soir je reçus une lettre déchirante; le lendemain j'étais à Bâle. La réflexion ne me vint que huit jours après.

Le vin était tiré, comme on dit, il fallait le boire.

D'ailleurs les bords du Rhin étaient si pittoresques, et un voyage en Allemagne, dans le pays de ma mère, était si tentant que je descendis le fleuve jusqu'à Mayence.

Je ne m'appesantis pas sur mon rêve évanoui. La jeune fille n'est plus.

III

L'Allemagne, avec ses mœurs et son langage, ne m'offrit ni la possibilité de continuer des études sérieuses ni une perspective d'avenir. Je résolus donc d'aller en Belgique, à Bruxelles, qui est presque une ville française. Là je passais une partie de mes jours à la bibliothèque et une partie de mes nuits à travailler. Le travail c'était l'oubli.

Peu à peu j'envoyai timidement quelques articles aux journaux et le lendemain je lisais avidement ma prose imprimée. Quelques réfugiés d'avril 1834, qui devinrent représentants et préfets en 1848, habitaient Bruxelles. J'en rencontrai plusieurs dans les bureaux des journaux où je fus appelé, et à ce contact mes idées démocratiques en germe se développèrent. Bientôt le gouvernement belge prit ombrage du jeune écrivain dont la fougue connaissait peu de bornes.

J'eus là deux procès. Le premier fut relatif à une affaire de théâtre. Rachel devait venir jouer *Andromaque.* Le propriétaire de mon journal, me sachant en très-bonnes relations avec les directeurs du théâtre de la Monnaie, me demanda de leur proposer de prendre tous les billets de la salle au prix de location. Les directeurs n'y virent aucun inconvénient. Les coupons furent donc livrés et le lendemain on annonça que les personnes qui ne trouveraient pas de billets au théâtre pourraient s'en procurer au bureau du journal. La vente s'effectuait dans de très-bonnes conditions; mais la police vit là une infraction aux règlements, elle prétendit que la vente des billets était interdite partout ailleurs qu'au théâtre, et elle procéda à la saisie des coupons, en dressant procès-verbal, à la suite duquel intervint une condamnation à 50 fr. d'amende, je crois, et à deux jours de prison pour une résistance un peu trop vive aux agents de l'autorité. Voilà ce qu'un petit journal a appelé une affaire de *contremarques* en la présentant sous le jour le plus malveillant.

Je n'en veux pas à ce petit journal. L'absence de cœur est plus à plaindre qu'à blâmer.

Le deuxième procès fut provoqué par l'affaire Lafarge. On se rappelle l'émotion indicible causée par ce procès criminel. Il y avait deux camps : celui qui soutenait l'innocence, celui qui soutenait la culpabilité. Partout des scènes violentes se produisaient chaque jour à la suite de la lecture du compte-rendu des débats. C'était une fièvre, un délire. Un soir, dans un café, un jeune gandin déblatérait avec une espèce de rage contre une femme non encore condamnée. Il fut grossier et je l'envoyai dans une porte vitrée qui céda. Le lendemain, je recevais une assignation en police correctionnelle pour coups et blessures. Le Lafargiste fougueux avait choisi ce terrain de préférence à tout autre pour m'atteindre. Je fus condamné à 15 francs d'amende ! On a aussi fait grand bruit de cette terrible condamnation. La chose ne méritait cependant pas un si grand retentissement.

J'ai dit que je m'étais jeté dans le journalisme politique avec toute l'ardeur d'un jeune néophyte de 23 ans. La fameuse affaire des 24 articles pour la session du Limbourg et du Luxembourg agitait considérablement les esprits. L'idée d'un nouveau morcellement de leur pays indignait les Belges, et je n'étais pas un des moins fougueux dans la lutte engagée contre le gouvernement. Mal m'en prit, parce qu'après plusieurs invitations à m'abstenir, on m'invita à quitter le royaume, en vertu de la loi sur les étrangers. Je fus mis à la porte.

Les faits qui motivent ces *Confessions*, et je souhaite que mes détracteurs puissent ainsi exposer publiquement leur vie, ont eu et devaient avoir du retentissement à Paris. J'en reçois, ce matin, la lettre suivante :

Paris, ce 25 février 1862.

« Mon cher Robin,

» J'apprends par le plus grand des hasards que vous êtes en butte à d'indignes calomnies relativement à votre séjour en Belgique de 1840 à 1843. C'est là que je vous ai connu, c'est là que commença cette amitié qui dure encore et qui me fut surtout inspirée par la verve généreuse et hardie de votre talent naissant, par votre courageuse attitude en présence des haines que vous valait déjà la défense du droit et de la liberté. Alors du moins on n'attaquait en vous que l'écrivain, on savait respecter l'homme et, même parmi vos plus acharnés adversaires, rendre justice à votre incontestable honorabilité. Quel ne serait pas l'étonnement à Bruxelles si l'on pouvait y lire ce qui s'imprime aujourd'hui contre vous.

» Depuis cette époque, depuis vingt ans, je vous ai constamment suivi des yeux et du cœur, je vous ai toujours vu mériter la même considération, la même estime, jamais changer, jamais faiblir. Courage donc encore, ami, courage ! Si je jouissais de quelque notoriété à St-Etienne, j'eusse été vous y porter de vive voix ce témoignage ; si vous croyez cependant que cette lettre puisse vous être de quelque secours dans la lutte, faites-en tel usage qu'il vous plaira. Trop heureux si je contribuais à la confusion de vos ennemis, à votre juste triomphe.

» Je vous serre cordialement la main,

» CH. DESLYS,

» Membre de la Société des Auteurs Dramatiques et de la Société des Gens de Lettres.

» 29, faubourg du Temple. »

Il me semble que ces lignes peuvent aussi se passer de commentaires. Je reprends mon récit.

J'étais depuis quelque temps absorbé par une immense douleur. J'avais perdu ma mère sans avoir eu la consolation de pouvoir l'embrasser. Je rentrai donc à Nancy en 1843. Ma première visite fut pour l'humble tombe de ma mère ; ma seconde eût pour but de régulariser ma position. A cet effet, je vis un ami de la famille, M. Moreau, alors premier président à Nancy et député de la Meurthe. M. Moreau est aujourd'hui conseiller à la Cour de cassation. Il me donna une lettre très-pressante pour le lieutenant-général baron Achard, commandant la division à Metz. Le général me reçut comme un étourdi qui avait fait une bêtise d'autant plus grande que j'aurais très-bien pu obtenir un congé ou me faire remplacer, au lieu de quitter le corps furtivement. Il écrivit au colonel du régiment et au lieutenant-général comte d'Audenaerde, à Châlons-sur-Marne. Deux jours après, je recevais un congé en bonne forme sans avoir eu même à faire acte de présence. Cette grosse affaire s'est terminée par un déjeuner chez le général d'Audenaerde, qui me gronda un peu sur mon imprudence, mais pas bien fort.

Il y a près de vingt ans que ces faits se sont passés. Ils attestent tout simplement qu'il faut savoir se défier de son cœur et des exaltations de l'esprit.

Ma position dans la presse belge m'avait mis en relations avec la presse parisienne. C'est donc vers Paris que je résolus de me diriger, toujours en dépit de ma famille, qui ne voulait pas renoncer à l'espoir de me voir suivre ce qu'on appelle une carrière sérieuse. « Tu verras, tu verras, me » répétait mon oncle, où ça te conduira tes jour- » naux et tes livres. Je te prédis que tu mourras » de faim avec un tas de bohêmes qui feraient » bien mieux de se livrer au commerce ou à l'in- » dustrie. » Mon oncle ne sortait pas de là : commerce et industrie! Il y avait fait sa fortune et il ne comprenait pas qu'on pût faire autre chose.

Mais la vocation était plus forte que les conseils. Je partis pour Paris où m'attendaient, hélas! encore bien des déceptions, bien des misères, bien des agitations.

Un jeune homme qui devint un ami et un frère, Arthur Dangeliers, rédacteur de la *Réforme*, me présenta à Godefroid Cavaignac, un des plus fervents apôtres de la démocratie, un des plus grands caractères du parti républicain, puis à Etienne Arago, à Félix Pyat, à Flocon.

Je vis successivement tout ce que la presse et la littérature comptaient d'hommes éminents ou obscurs. MM. Thiers et Girardin, MM. Victor Hugo, Alexandre Dumas, Lamartine, Sandeau, Arsène Houssaye, Murger, dont j'aidai les débuts, Limayrac, Castille etc.; je fus bientôt lancé dans le mouvement ou plutôt dans cette grande anarchie qui continuait de réveiller l'ardeur littéraire en attaquant avec vigueur les vieilles théories et les systèmes surannés. Du sein de cette époque de doute et de convulsions, de témérités et d'extravagances a surgi cette glorieuse pléïade qui a abandonné les querelles d'école pour les travaux sérieux et a livré à notre admiration des études qui attestent la fertilité du champ qu'elle a ouvert. Ce fut un héroïque concert d'efforts et une série de succès qui ne laissèrent plus aucun doute sur la valeur des hommes qui avaient combattu pour rajeunir la vérité à l'aide de théories nouvelles, et donner une plus grande extension aux études de la connaissance humaine.

En même temps que je poursuivais des études économiques et que je prenais part aux luttes de la presse politique, j'écrivais dans plusieurs journaux littéraires. C'est là que me vint l'idée de l'ouvrage que j'ai publié en 1847, il y a quinze ans, sous ce titre : *Galerie des gens de lettres au XIXe siècle*. J'ai essayé de peindre ce groupe charmant de poètes et d'écrivains, formant une réunion de types si différents, animés du même zèle, défendant la cause des lettres avec cette sublime énergie que l'on puise dans une conviction profonde et avec cette touchante abnégation, ce dévoûment désintéressé que peut seul inspirer un culte fervent.

C'était le beau temps alors : le temps des luttes et des passions ; le temps des saintes colères et des doux épanchements, des folles joies et des folles amours.

Avec quelle superbe ironie tous ces esprits élevés se raillaient des obstacles qui s'accumulaient sous leurs pas et avec quel orgueil ils portaient leur misère ! C'était vraiment un magnifique spectacle à contempler, et il serait impossible d'imaginer une odyssée plus accidentée, plus pittoresque que la relation des faits qui se sont accomplis dans une certaine sphère de 1830 à 1848. C'est une interminable série d'aventures inouïes, de péripéties incroyables. Il faut avoir vu comme je les ai vus ces jeunes preux, auxquels j'étais un peu mêlé, aux prises avec les difficultés matérielles de la vie, pour se faire une idée de leur courage chevaleresque au milieu de la tourmente.

Pour ne parler ici que des poètes et des jeunes littérateurs de la presse, les uns envoyaient à la face du ciel d'étincelantes satires, ou préludaient à des hymnes élevées avec une sainte ferveur; les autres exhalaient dans de sublimes chants leurs plaintes, leurs désirs infinis ou leurs espérances, et tous, sans exception, nous étions mus par une pensée commune et finalement triomphante. Il s'agissait de la liberté de l'art, et jamais combat ne fut plus acharné, jamais victoire ne fut ni plus vaillamment disputée, ni plus glorieusement remportée!

Et quels étaient tous ces héros qui marchaient avec tant de courage et de persévérance à la conquête d'une ère nouvelle? Par qui la régénération littéraire s'est-elle en partie effectuée? Par de jeunes enthousiastes, passionnés, ardents, téméraires même, gais d'humeur, véritables réservoirs d'esprit, qui jetaient de la poésie à tous les vents comme l'oiseau son ramage; enfants perdus au milieu de l'immense Babylone, vivant un peu au jour le jour, en butinant avec la verte insouciance de l'adolescence et une grande foi dans l'avenir.

Je n'ai pas à apprécier l'ouvrage que j'ai écrit il y a quinze ans, mais je puis citer l'opinion que la presse a émise.

J'extrais du *Siècle* du 5 décembre 1847, le passage suivant :

« Un littérateur consciencieux et plein d'ar- » deur, dont le talent s'est fait apprécier en Bel- » gique et en France, M. Charles Robin, s'est con- » stitué le Plutarque des gens de lettres au XIXe » siècle avec la ferme volonté de mener à » bonne fin ce difficile travail sans blesser » l'amour-propre des auteurs ni le respect qu'on » doit à l'opinion du public. Doué d'une sagacité » critique remarquable, il a prétendu être juste » au milieu des louanges exagérées et des amères » diatribes qui entourent d'ordinaire les person- » nages vivants, comme les flammes et la fumée » enveloppent les soldats et les capitaines sur les » champs de bataille.

» M. Ch. Robin a commencé par remettre sous » leur vrai jour bien des choses que la polémique » avait obscurcies.

» Il l'a fait avec beaucoup de netteté; les biogra- » phies sont prises à un point de vue élevé, sé- » rieux, indépendant... — Hippolyte Lucas. »

Nous citons ce passage d'un feuilleton critique du *Siècle* pour prouver ceci, c'est qu'il y a *quinze ans*, à Paris, on me qualifiait de « littérateur consciencieux et plein d'ardeur dont le talent s'était fait *apprécier en Belgique.* » On savait donc que j'y avais occupé une certaine position « en Belgique » comme écrivain. Cela répond péremptoirement à certaines allégations.

Dans un autre feuilleton du *Siècle*, du 27 novembre 1847, M. Eugène Guinot me consacre une partie de la *Revue de Paris*, d'où nous extrayons les lignes suivantes :

» Si la postérité se montre un jour curieuse de » connaître l'histoire, la vie et les aventures des » écrivains de notre temps, elle sera satisfaite. » Voici qu'un biographe patient et dévoué, M. » Charles Robin, entreprend une galerie complète » des hommes de lettres contemporains. Cet ou- » vrage est destiné à un grand succès et prendra » place dans toutes les bibliothèques, etc., etc.— » Eugène Guinot. »

C'est à propos de cet ouvrage que M. Victor Hugo nous a adressé l'admirable lettre suivante :

» *A Monsieur Charles Robin, membre de la Société*
» *des Gens de lettres.*

» Vous savez, Monsieur, que je suis en ce mo-
» ment garde-malade. C'est ce qui vous explique
» ce retard et ce remercîment. J'ai lu le beau tra-
» vail auquel vous avez attaché mon nom et qui,
» certes, honorera le vôtre. J'ai retrouvé dans ces
» remarquables pages votre élévation de cœur et
» votre étendue d'esprit. C'est un bonheur pour
» moi, monsieur, d'éveiller des sympathies
» comme les vôtres! J'ai travaillé et j'ai lutté
» toute ma vie. J'ai fait des fautes et j'ai eu des
» ennemis. Mais qu'une main cordiale et intelli-
» gente vienne serrer ma main, j'oublie mes fau-
» tes, mes luttes, mes peines et mes ennemis, et
» je remercie Dieu.

» Je viens de le remercier, monsieur, après
» avoir lu les pages que vous m'avez consacrées.
» Je crois que vous me louez beaucoup, mais je
» suis sûr que vous m'aimez un peu. Etre aimé
» un peu et longtemps, c'est toute mon ambi-
» tion.

» Croyez, Monsieur et cher confrère, à mes
» meilleurs sentiments.

» Victor HUGO. »

» 8 septembre 1847.

On me pardonnera sans doute de m'abstenir de tout commentaire sur la lettre du grand poète m'écrivant, après MM. Hippolyte Lucas et Eugène Guynot, que j'ai fait un ouvrage qui honorera mon nom et où il est heureux de retrouver mon élévation de cœur et mon étendue d'esprit. J'avais le bonheur, à cette époque, d'être reçu chez l'éminent écrivain où je rencontrais toutes les illustrations du jour.

De son côté, M. Arsène Houssaye publiait, dans l'*Artiste* du 27 novembre 1847 :

« Un jeune écrivain, connu en Belgique et depuis » peu en France par des écrits politiques et litté- » raires, M. Ch. Robin, veut ériger un monu- » ment à l'esprit français. Il publie la *Galerie des* » *Gens de Lettres au XIXe siècle*. On doit à la fra- » ternité d'encourager de pareils livres consacrés » à apprendre à la France et à l'étranger les » luttes et les douleurs de tous ceux dont on lit » sans inquiétude les livres, etc. »

Voilà encore une autorité de la littérature française qui savait que j'étais un écrivain « connu en Belgique ». Dans le numéro de l'*Artiste*, du 5 mars 1848, on lit en outre :

« La *Galerie des Gens de Lettres* a un avantage » peu commun. Elle est écrite avec chaleur et

» éloquence. M. Ch. Robin, il faut l'en louer » hautement, ne se fait pas le panégyriste des » hommes dont il écrit l'histoire ; il les discute » sérieusement, car il sait que le premier devoir » de tout historien est de dire la vérité. Cet ou- » vrage, publié sans fracas, comme les œuvres » durables, commence à éveiller la curiosité lit- » téraire en province et à l'étranger, ainsi que le » témoignent les journaux qui nous arrivent. »

Enfin, entr'autres journaux littéraires, la *Revue et Gazette des Théâtres* disait de la *Galerie des Gens de Lettres* :

« Cet ouvrage consciencieux, qui a déjà valu à son auteur d'honorables témoignages d'une vive sympathie de la part des esprits les plus éminents de l'époque, est entrepris, selon ses propres expressions, pour démêler et saisir la vérité, sur les écrivains contemporains, au milieu des controverses, des systèmes, des coteries qui se heurtent, se croisent et se contredisent réciproquement. Il est temps de faire justice des erreurs propagées et des sottises débitées sur ces laborieux ouvriers de la pensée, qui accomplissent chaque jour tant et de si grandes choses. Que d'hommes méconnus ou calomniés, que d'œuvres inappréciées, ayant subi tour à tour les excès de l'éloge ou du blâme, vont afin apparaître sous leur véritable jour !

» Ce qui doit rendre ce travail remarquable bien cher aux hommes qui prennent une part active au grand mouvement littéraire du XIXe siècle, ou qui s'y intéressent, c'est que l'indépendance bien connue de l'auteur lui permet de dispenser à chacun, avec une égale justice distributive, l'éloge ou le blâme mérités, et que tous les renseignements qu'il donne sont puisés à des sources authentiques. Pas un fait, pas une date ne sont consignés dans cette œuvre si nationale sans avoir été préalablement reconnus exacts par les auteurs mêmes. Tâche immense, laborieuse, difficile, qui a pour but de rectifier une multitude de jugements erronés, et de soustraire les hommes de lettres à cette déplorable assimilation à laquelle ils sont condamnés dans les œuvres bâtardes qu'enfante le génie de la spéculation.

» C'est une pensée noble, généreuse, qui a présidé à la création de cette œuvre purement littéraire, dont la publication va présenter, sous un jour complétement neuf, l'histoire et les ouvrages des écrivains qui donnent la vie intellectuelle au monde entier.

» Néanmoins, l'auteur a compris qu'on ne s'attaque pas à des œuvres fraîchement écloses, et à des hommes que l'on aime et que l'on coudoie à chaque pas, sans respecter certaines convenances et des susceptibilités naturelles. Son but, en écrivant l'histoire de nos contemporains, est de couper court aux versions inexactes qui circulent, et de mettre la postérité en garde contre les anecdotes que l'on multiplie. En exprimant le résultat d'études consciencieuses, il cherche à saisir, du vivant des modèles, certaines nuances caractéristiques que ne pourrait retrouver plus tard l'historien définitif. La portée immense de cet ouvrage a été si bien appréciée, que M. Charles Robin reçoit chaque jour les adhésions les plus flatteuses des hommes les plus honorables de tous les partis. »

En même temps que je travaillais à cette œuvre de longue haleine je publiais un recueil mensuel, les *Tablettes du Diable*, espèces de nouvelles à la main, qui eurent à subir bien des vicissitudes, tant il est vrai que les gens qui vivent d'abus ont dans tous les temps été les ennemis de la presse.

IV

Mêlé depuis longtemps aux luttes politiques, je prêtais une oreille attentive aux grondements sourds qui annonçaient l'orage. Tout à coup retentit le tonnerre de Février 1848. Aussitôt je quittai la plume pour prendre le fusil.

Placé au premier rang, j'ai été à la fois acteur et spectateur dans ce drame populaire, commencé sous le titre de *Réforme*, et tragiquement terminé sous le nom de *République*. J'en avais suivi toutes les péripéties comme sentinelle avancée de la presse militante, j'en ai vu les tableaux saisissants comme soldat citoyen. Je n'ai pas à remonter ici aux causes de la chute de la monarchie de Juillet, j'indiquerai seulement, en passant, la principale de toutes, celle qui tôt ou tard devait contribuer à la renverser, c'est-à-dire l'œuvre audacieuse, d'une conception insensée, que Louis-Philippe tenta de réaliser avec une persistance déplorable et par tous les moyens en son pouvoir: la constitution de la bourgeoisie. C'était là le grand mot, le mot d'ordre, la suprême raison de sa politique : constituer la bourgeoisie, c'est-à-dire que Louis-Philippe voulait organiser définitivement, d'une manière absolue, le droit politique, et le renfermer dans le cercle étroit de ce que M. Guizot appelait le *pays légal*. Mais, pour consolider sans retour l'aristocratie du cens électoral, le gouvernement de Juillet s'obstina à repousser toute demande de réforme tendant à en altérer l'intégrité. Par ce système, on voulait rendre la bourgeoisie payant le cens, autrement dire la propriété, maîtresse suprême des destinées de la France et l'inféoder indissolublement à la royauté constitutionnelle.

N'était-ce pas là une pensée profondément inintelligente, une œuvre radicalement impossible, un monument bâti sur le sable et qui manquait par la base ? Quoi ! on espérait gouverner indéfiniment un grand peuple avec un système basé sur une représentation fictive de la nation; car ce système ne laissait pas seulement en dehors de l'action parlementaire cette masse imposante avec laquelle il faut compter un jour ou l'autre : le peuple ! mais encore il frappait d'ostracisme une grande fraction, une fraction active, intelligente de la bourgeoisie glorifiée ! La bourgeoisie, après tout, ne se composait pas uniquement en France des deux cent mille électeurs que représentait le cens. Elle comptait incontestablement dans son sein un nombre supérieur d'hommes que leur naissance, leur éducation, leur esprit rattachaient à elle.

Or, la constitution de la bourgeoisie, telle que Louis-Philippe la rêvait et l'avait établie, repoussait cette force redoutable. Aussi, qu'arriva-t-il ? Comme il était facile de le prévoir, cette force, blessée dans sa dignité par la loi électorale de 1831, irritée d'être maintenue en tutelle, devint un puissant élément de dissolution de cet ordre de choses qui l'excluait impitoyablement de la vie politique. En un mot, l'intelligence se révolta contre la suprématie des écus. Les déshérités de la bourgeoisie, où l'on avait rétabli le droit d'aînesse, devaient infailliblement déterminer, par la revendication de leurs droits, la destruction de ce régime étroit, ridicule, où la maladresse le disputait à l'injustice.

Le sceptre de la bourgeoisie du cens électoral ne fut pas seulement brisé sous les attaques des bourgeois dédaignés et du peuple : le pays légal entraîna la royauté dans sa chute. Le vice fondamental était dans la charte même, qui plaçait un pouvoir irresponsable, héréditaire, inviolable, en présence de deux assemblées ayant droit de contrôle, l'une nommée par le roi, et par conséquent composée de serviteurs éprouvés, l'autre élue par une fraction minime de citoyens dont la majorité était facile à corrompre. Aussi la royauté eut-elle bientôt substitué le gouvernement personnel au régime représentatif.

Ce système, en poussant au culte des intérêts matériels, altérait profondément le caractère national, et devait inévitablement enfanter des révoltes. Quand la partie honnête de la bourgeoisie demanda des réformes, ce fut dans le chimérique espoir d'arrêter le pouvoir sur la pente fatale où il était placé, et pour enlever toute chance de succès à la révolution qu'elle pressentait. Cette demande de réformes, dictée par l'égoïsme autant que par la peur, eut-elle été accordée, la monarchie n'en devait pas moins périr, car elle avait au cœur un germe de mort. Les plus clairvoyants savaient bien que le mal avait des racines que l'on ne pouvait extirper qu'en changeant le système tout entier. Et d'ailleurs, le pouvoir, exclusif et aveugle, se crut assez fort pour repousser tous les vœux exprimés.

Blessée par ce refus obstiné, effrayée des tendances dont elle redoutait les suites à l'égal du progrès de l'esprit révolutionnaire, la gauche parlementaire se lança dans la lutte engagée par la démocratie, autant pour reconquérir sa suprématie dans les affaires gouvernementales, que pour être à même de faire servir le mouvement populaire à ramener sous sa domination la royauté effrayée. On sait ce qui en résulta. Ils aidèrent au déchaînement de l'ouragan populaire qui les emporta.

Ce qui étonne à bon droit les esprits sensés, c'est que les hommes si directement intéressés au maintien du régime monarchique aient pu conserver des illusions jusqu'au dernier moment. Certes, quand bien même ce régime n'eût pas été condamné par sa vicieuse constitution, les scandales qui se multiplièrent dans les dernières années de son existence ne pouvaient laisser aucun prétexte à la crédulité. Chaque jour des révélations monstrueuses apprenaient à la France à l'aide de quels moyens ce système prolongeait son agonie. Et à chaque révélation nouvelle l'hydre était là, la gueule béante pour recevoir cette réputation qu'on lui jetait à dévorer.

Parlerons-nous de la situation que s'était faite le gouvernement de Juillet par sa politique extérieure? La France, profondément touchée des maux qui accablaient la Pologne et l'Irlande, étreignait aussi de ses ardentes sympathies les peuples de l'Italie, elle applaudissait à leurs courageux efforts, elle les encourageait de la voix, elle les confondait dans un même amour avec ces braves compatriotes de Guillaume Tell qui s'étaient levés pour leur indépendance. Mais depuis juillet 1830 le Gouvernement condamnait la nation à faire des vœux pour le triomphe de ses alliés naturels. Il s'était placé dans la nécessité ou de sacrifier nos vieux ressentiments nationaux contre l'Angleterre, en formant à ce prix l'alliance des peuples libres du Midi, ou bien de sacrifier la liberté des peuples en mendiant l'alliance de l'Autriche. Son option ne fut pas douteuse : il sacrifia les peuples et la cause de la liberté.

Les mariages espagnols ont été le sceau de ce pacte, avec la contre-révolution en Suisse, en Espagne, en Portugal, dans tout l'Univers. L'anneau nuptial de Madrid devint un anneau de fer qui enchaîna la politique libérale de la France à l'immobilité ou aux exigences impérieuses des puissances du Nord. Le ministère du 29 octobre avait joué le sort du monde sur une incompatibilité d'humeur et sur la fécondité d'une enfant. La France était astreinte à ne pas agir ou à agir contre sa nature, contre ses dogmes, contre sa liberté, contre sa dignité, contre sa popularité dans le monde, depuis Constantinople jusqu'à Madrid, depuis Madrid jusqu'à Rome, depuis Rome jusqu'à Genève, de Genève à Varsovie, de Varsovie à Lisbonne! Le résultat était obtenu, l'œuvre accomplie : la révolution s'était retournée contre elle-même comme une arme faussée dans la main.

Voilà la politique qui avait encadré la France au dehors dans l'impossible. Elle ne pouvait tenir dans ce cadre qu'en se rapetissant; elle ne pouvait le briser qu'en éclatant. Petitesse ou folie, voilà à quoi la France de Juillet était condamnée.

L'Angleterre qui était perfidement hostile au gouvernement de Louis-Philippe, ne négligeait aucun moyen de miner partout son influence, en Espagne, en Portugal, en Grèce, en Suisse, en Italie, en Allemagne; la Russie, qui le méprisait, continuait ses exactions et ses envahissements en Moldavie et en Valachie; elle s'apprêtait de l'autre côté de la mer Noire à se jeter sur la Turquie; l'Orient l'invoquait en vain; l'Italie et la Suisse l'accusaient; les peuples furieux de ses complicités liberticides lançaient sur lui l'anathème : mais l'absolutisme européen était content. Il ne se doutait pas que son triomphe était le signal précurseur de sa décadence; qu'en tombant, cette monarchie, issue des barricades, l'entraînerait dans sa chute.

Le mardi, 22 février, en sortant de chez moi dans la matinée, je trouvai tout Paris en mouvement. A voir cette population de la capitale à son réveil, on devinait qu'elle pressentait de lointains événements. Le ciel était couvert, un vent humide soufflait de l'ouest, l'air était chaud, et l'on sentait que cette tiède atmosphère était surchargée d'électricité. Sur le seuil de presque toutes les portes des personnes agitées, inquiètes, échangeaient de rapides paroles. Des groupes nombreux couraient les places publiques et se mouvaient sur les boulevards. Les rumeurs les plus alarmantes circulaient. Une émotion visible était empreinte sur toutes les physionomies. Des pensées de guerre éclataient dans des regards courroucés. Je courus au quartier latin, et bientôt après j'en redescendais avec quelques amis.

A midi, Paris était militairement occupé, le soir, nous avions commencé des barricades.

Le lendemain, le temps était sombre comme les physionomies, triste comme l'aspect de la ville. Des troupes arrivaient de toutes parts, mais la garde nationale parcourait les rues en suspendant partout les hostilités. Le soir eut lieu l'affaire du boulevard des Capucines. Cent mille poitrines humaines répondirent par un seul et même cri à la fusillade. On venait de tuer la monarchie de Juillet. Le 24, Louis-Philippe fuyait. Je n'ai pas à raconter la part que j'ai prise à ces événements.

Tout ce que je puis dire, c'est que je fus un des premiers aux Tuileries, à la Chambre et à l'Hôtel-de-ville, ainsi que l'atteste la lettre suivante que m'écrivit plus tard Félix Pyat.

« Cher confrère,

« Je me rappelle, que le 24 février quand je
» suis entré vers deux heures à l'Hôtel-de-Ville,
» avec Guinard et Martin (de Strasbourg), je
» vous vois encore une épée à la main, servant
» pour ainsi dire de garde à la République; je
» vous ai trouvé là en armes, à côté de Ledru-
» Rollin qui proclamait la République; vous
» veniez de la Chambre où vous aviez assisté
» à la mort de la royauté et vous étiez là pour
» introniser le Gouvernement du peuple. Je ne
» comprends pas qu'après avoir contribué si
» bravement à le fonder vous vous soyez retiré
» si modestement pour faire place aux repus de
» la veille qui devenaient naturellement les affa-
» més du lendemain.

« Mille compliments,

» Félix Pyat. »

Je me suis retiré en effet sans vouloir accepter aucune fonction. Après avoir quitté la plume pour prendre le fusil, je quittai le fusil pour reprendre la plume. Je pourrais citer bien des noms d'hommes que je contrarierais beaucoup si je rappelais où je les ai vus et ce qu'ils ont fait. Combien encombraient les antichambres des membres du Gouvernement provisoire et des ministres qui décrièrent les hommes dont ils mendiaient des places ! C'est à la réunion de la Société des gens de lettres, au foyer de l'Opéra, pour de là aller faire en corps acte d'adhésion au Gouvernement, qu'un confrère, aujourd'hui fougueux député de l'Empire, m'arracha des mains un projet d'Adresse, comme trop tiède, et y substitua un autre discours de son crû. Mais laissons-là ces misères. Je n'écris pas une histoire rétrospective et je n'ai pas le loisir de récriminer. C'est bien assez de me défendre, de montrer que je ne ressemble pas au portrait que l'on a voulu faire de moi ici, et, de le démontrer comme je l'ai fait jusqu'à présent par des preuves écrites, irrécusables.

Frappé par le spectacle des événements qui venaient de se dérouler sous mes yeux, je résolus d'en écrire l'histoire. C'est cet ouvrage que j'ai publié sous ce titre : *Histoire de la Révolution de 1848*. Ici encore je m'abstiens de toute appréciation. Je cède la plume aux écrivains qui ont rendu compte de cet ouvrage.

Voici d'abord le *Courrier français*, appartenant à ce moment, disait-on, à M. Thiers, et ayant pour rédacteur en chef M. de Reims, un ancien secrétaire de cet homme d'Etat. Dans son numéro du 31 juillet 1849, ce journal publiait l'article suivant :

« *Histoire de la Révolution française de* 1848, *par Ch. Robin.*

» Il est devenu banal dans ce temps-ci de relever les changements qui s'opèrent dans les idées, dans les doctrines, dans la politique, dans les hommes. Jamais on ne vît tant d'unités rompues, tant de bigarrures se multiplier. Les types de ces transformations incroyables dont nos contemporains nous offrent le spectacle, ne manquent certes pas ; mais combien sont insaisissables dans leur perpétuel tournoiement. Définir ces étourdissantes variations, fixer ces faits si ondoyants et si divers dont nous avons été les témoins, voilà la tâche que M. Ch. Robin s'est imposée.

» Tâche ardue, entreprise téméraire peut-être, car nous sommes trop près encore des grands événements accomplis depuis dix-huit mois pour en écrire l'histoire d'une manière incomplète et impartiale.

» Il y a des secrets qu'il serait dangereux de révéler, des mystères que l'on ne peut sonder sans entrevoir des abîmes. Il faut donc renoncer à être le miroir fidèle de cet océan mobile qui s'agite sous nos pieds, de cette surface perpétuellement renouvelée dont les oscillations ébranlent encore le monde. Mais l'histoire est un art bien plus qu'un fac-simile des faits. Avec de l'habileté, on évite les écueils, on glisse sur les flots irrités sans perdre l'équilibre.

» M. Charles Robin est d'autant plus libre en son allure qu'il n'a pas à se justifier de quelques fausses manœuvres durant la tempête.

» Sa responsabilité n'étant pas engagée dans les aventures qu'il raconte, il n'a pas été forcé de faire consister la vérité et l'art historique, à disposer les hommes et les choses suivant les besoins d'une cause particulière, à grouper un récit par masses d'événements autour de sa personne comme vient de le tenter, par exemple, M. de Lamartine.

» La méthode de M. Charles Robin est celle d'un esprit ferme, hardi, parfois inexorable, qui dénombre et déduit les faits, les points précis, sans affirmer toutefois qu'il n'y a rien au-delà. Mais on sait à quoi s'en tenir : la conjecture est facile. On devine ce qu'il ne veut pas dire. A part ces honorables réticences, il a su faire sortir des affinités et des combinaisons des événements, l'intérêt et l'unité d'une œuvre sérieuse.

» Les idées de M. Charles Robin ne sont pas les nôtres ; nous ne combattons pas sous la même bannière, mais nous acceptons de grand cœur et saluons ce qui est le résultat d'une étude sérieuse, ce qui est honnête et d'une élévation éloquente.

» Il n'est pas si vulgaire de rencontrer de la distinction alliée au talent pour que la politique nous aveugle au point de méconnaître de brillantes qualités littéraires.

» Ce qui frappe surtout dans l'ouvrage de M. Ch. Robin, outre l'érudition et les qualités d'esprit fin, ingénieux, que l'auteur y a versées, se sont les vues élevées, les aperçus neufs, les rapprochements curieux. Rien ne surpasse l'intérêt puissant, varié de l'œuvre.

» Il n'est pas un point qui ne porte sur un fait, sur une notion précise, sur une anecdote piquante.

» On voit que M. Ch. Robin a visité tous les camps, arraché bien des secrets aux hommes éminents qui ont joué un rôle actif dans le grand drame politique et social dont il retrace toutes les péripéties.

» En historien consciencieux il a eu la louable persévérance de remonter à la source même des effets qu'il constate.

» Il a frappé à toutes les portes, interrogé, consulté tous les héros de la grande épopée révolutionnaire. Par ce moyen il nous a livré une foule de détails intimes, d'épisodes ignorés qui donnent à son histoire tout l'attrait du roman.

» Dans une introduction rapide, qui est un petit chef-d'œuvre de style, il résume dix-huit années de la monarchie dans un récit où l'on pourrait relever quelques appréciations d'une forme un peu brusque. Mais le ton général de ce morceau ne manque pas d'un certain éclat. C'est vif, mouvementé, et savamment traité. Viennent ensuite des tableaux animés de la situation politique intérieure et extérieure de la France où brillent, à côté de pages remarquables sur le triste rôle du cabinet de 29 octobre dans les affaires d'Espagne, de Portugal, de Suède, d'Italie, des portraits d'une touche large, de MM. O'Connell, Guizot, de Girardin et autres. Les regrettables scandales qui ont éclaté aux dernières heures de la monarchie. La campagne des banquets réformistes, la scission du parti radical, tout cela est aussi très-spirituellement analysé.

» Après avoir ainsi exploré le passé, le jeune historien entre en plein dans la Révolution ; il en raconte et suit vivement toutes les phases, en haut et en bas, dans le palais des Tuileries, dans les ministères, dans les bureaux de la presse républicaine, à la Chambre et dans la rue.

» Il montre toutes les machines de siége, tous les efforts des assiégeants et des assiégés. Les fautes des uns, la tactique habile des autres, et tout cet effroyable chaos de la grande lutte est exposé, débrouillé avec tant de lucidité, de vraisemblance et d'enchaînement qu'on serait porté à juger inévitables des événements qui pourraient cependant avoir un autre dénoûment.

» Le récit est assurément plus clair que les choses elles-mêmes, et sous le charme de cette attrayante narration, on serait presque porté à excuser, à absoudre certains hommes qui ont figuré dans nos dernières phases révolutionnaires.

» Mais ce pas que M. Robin ferait faire, il ne le fait pas lui-même ; dans une voie opposée. Il est impitoyable et parfois un peu brutal à l'égard d'hommes qui ont pourtant des droits à la reconnaissance du pays, et qui pourraient exiger plus d'impartialité de la part de l'historien.

» M. Ch. Robin est jeune encore : il n'est donc pas exempt de passions, mais c'est un écrivain d'avenir. Son style est net, élégant, facile, plein de vigueur généreuse, et il possède à un haut point l'art de la composition, qui sait ménager la variété. Nous rendons surtout justice à la scrupuleuse exactitude des faits qu'il raconte, à l'authenticité des pièces qu'il produit.

» Cela seul assure à son livre un succès sérieux et durable auprès des hommes de tous les partis. »

Le *Temps* du 26 juillet 1849 disait de son côté :

« Certes la tâche était difficile, au lendemain d'une révolution, d'en écrire l'histoire, mais elle n'était pas impossible. M. Charles Robin vient d'en fournir la preuve. Son livre, qui paraissait le même jour que celui de M. de Lamartine, est un travail sérieux, impartial, complet. On y trouve parfois la splendeur de style que possède souvent le grand poète, et toujours le bon sens dont il fait, hélas! un si rare usage. Ce n'est plus du roman, c'est de l'histoire; ce n'est plus un monologue au profit d'une orgueilleuse individualité, c'est le grand drame politique et social avec tous les personnages et toutes les péripéties; ce n'est plus un tableau fantastique où tout est sacrifié à une seule figure, c'est le daguéréotype reproduit d'après la nature même du sublime panorama de la Révolution de Février.

» M. Ch. Robin, quoique jeune encore, était déjà connu dans le monde politique et littéraire par de nombreux et remarquables articles, écrits, mais non signés, dans les divers journaux de l'opposition, et surtout par une série de portraits critiques qui parurent vers la fin de l'année 1847, sous le titre de *Galerie de la société des Gens de lettres*. Avant que sonnât le premier tocsin de Février, il avait déjà commencé l'histoire de cette tempête dont il voyait les nuages s'entasser à l'horizon. Durant les trois jours, il travaillait à son œuvre avec le fusil, mais, dès le lendemain, au lieu de courir les clubs et les antichambres, il reprit la plume et écrivit sous les impressions de chaque jour les événements dont il voulait rester le spectateur désintéressé, afin d'en être plus tard l'historien calme et fidèle. Non content d'avoir vu, compris, deviné les effets et les causes, M. Ch. Robin a eu la persévérante conscience de remonter à la source des uns et des autres. Il est allé frapper à toutes les portes ; il a interrogé, consulté tous les hommes, qui, soit sur le théâtre, soit dans la coulisse, ont pris une part active ou passive, avérée ou secrète, à la grande épopée révolutionnaire. Et ce n'était pas encore assez, certain désormais de ne pas se tromper, il pouvait être trompé par ceux auxquels il avait prêté l'oreille. Afin donc d'éviter ce dernier écueil, il est revenu sur ses pas, il a contrôlé M. Crémieux par M. Garnier-Pagès, M. Thiers par M. de Rémusat, M. Marrast par M. Ledru-Rollin, et réciproquement les uns par les autres, tous ceux dont le nom devait figurer dans son livre. Par ce moyen, M. Ch. Robin en est arrivé non-seulement à la satisfaction de pouvoir mettre au jour une foule de détails intimes et jusqu'à présent inconnus, mais encore à la certitude d'écrire la vérité, toute la vérité, rien que la vérité.

» Une introduction nerveuse et rapide résume dans les premières pages l'histoire philosophique des dix-huit années du gouvernement de Juillet ; puis viennent successivement : un tableau complet et animé de la situation de l'Europe, avant le 24 février 1848, dans lequel se remarquent plusieurs portraits tracés de main de maître, entre autres ceux d'O'Connell, de Guizot, de Thiers, de Girardin ; l'autopsie impitoyable et savante de la corruption et de l'immoralité intérieure ; la brillante et féconde campagne des banquets ; la scission admirablement comprise et définie des républicains du *National* et de la *Réforme* à propos des brochures de MM. Carnot et Duvergier de Hauranne ; les dernières heures ardentes et scandaleuses de l'agonie de la royauté ; enfin, enfin, comme s'écrie M. Ch. Robin lui-même, le rôle de l'opposition parlementaire qui finit, celui du peuple qui commence.

» Alors se déroule la grande bataille plébéienne,

alors éclate surtout la supériorité de l'œuvre de M. Ch. Robin sur celle de M. de Lamartine. Toute la partie militante de la révolution, toute la stratégie de la phalange républicaine, le drame intime des Tuileries, les comédies jouées chez MM. Thiers et Odilon Barrot, la lutte de la République et de la régence à la Chambre des députés, le duel des deux Républiques à l'Hôtel-de-Ville, en un mot, tout ce qui constitue la Révolution est laissé dans l'ombre ou faussement éclairé par l'ex-membre du Gouvernement provisoire, qui, à force d'élever le piédestal de la statue qu'il se décerne, en arrive à ne plus rien voir, à ne plus rien dire de ce qui se passe à ses pieds.

» M. Charles Robin, au contraire, reste au niveau des événements ; il les suit partout, dans la rue comme dans le palais, à la Chambre comme à l'Hôtel-de-Ville ; il en raconte à la fois les grands développements et les détails les plus mystérieux, et son livre devient un miroir où personne ne se regardera sans se reconnaître, ou beaucoup ne se regarderont pas sans rougir. Tout est là, la fourberie des uns, l'aveuglement des autres ; la trahison de ceux-ci, la lâcheté de ceux-là ; tout est là, tel que le vit alors le regard de Dieu, tel que, grâce à M. Charles Robin, commence seulement à le voir désormais l'œil de l'histoire.

» Nous n'avons qu'un seul regret, c'est que le premier volume soit seul paru à cette heure. Il s'arrête à la formation simultanée des ateliers nationaux et de la commission du Luxembourg, cette double et première trahison du parti réactionnaire, cette source de tant de malheurs et de calomnies, ces deux boulets attachés par les mains déloyales à chacun des talons de la liberté. Mais le second volume ne tardera pas à paraître, et nous publierons en attendant quelques extraits du premier. Nos lecteurs seront heureux de les lire, et ce sera rendre un juste hommage au talent de l'auteur et à la cause de la démocratie.

» Car l'histoire de M. Ch. Robin est une histoire démocratique; et en ce moment, où la Révolution est chaque jour méconnue, chaque jour calomniée, il y a du courage et de la générosité à confondre le mensonge, à proclamer la vérité. Aussi, M. Ch. Robin a bien mérité du peuple et de l'avenir; aussi son livre n'est pas seulement un bon livre, c'est encore une bonne action ! »

Le *Siècle* dans son numéro du 16 janvier 1850 me consacrait aussi l'article suivant :

« Ce qui est d'abord à remarquer dans l'*Histoire de la Révolution de* 1848, par M. Ch. Robin, c'est qu'elle est franchement libérale; elle ne cache pas d'arrière-pensée; elle accepte franchement les faits accomplis, en les renouant à la philosophie, à la grande tradition de la liberté. L'auteur n'est point gêné par un passé politique quelconque; il n'a de concessions à faire à personne; il n'a point de regrets dynastiques, et il n'est point exposé aux palinodies des hommes d'Etat. Je n'aime pas qu'un auteur, en me retraçant les événements auxquels il a assisté, s'écrie : *Quorum pars magna fui*, car il est rare alors que la personnalité ne prédomine pas, que l'on ne se regarde pas comme un centre où tous les rayons ont abouti, et que, par une sorte d'hallucination naturelle, on n'ait pas vu tourner le monde autour de soi. Aussi la plupart des hommes qui ont manié longtemps les affaires de leur pays, ou qui ont été élevés sur le pavois des révolutions, devraient-ils se contenter d'écrire leurs mémoires (on permet tout aux mémoires), et non pas essayer de composer des histoires, qui ne seront toujours qu'une apologie de leur conduite.

» M. Ch. Robin était dans les meilleures conditions pour réussir; il n'a vu que les masses, le bien public, le pays. Sans parti pris sur les personnes, sans dessein délibéré sur les choses, il s'est laissé aller au courant qui emporte la France vers des destinées nouvelles, en dépit des obstacles.

» L'auteur, que nous ne pouvons suivre dans le dédale des faits et dont nous venons de résumer l'esprit, attaque vivement le peu de sincérité des gens qui ont acclamé avec le plus d'empressement la République, lorsqu'elle était encore terrible et armée, et qui lui sont devenus si hostiles lorsqu'ils l'ont vue généreuse et confiante. Il a remis en lumière dans un chapitre les adorations de ses plus fougueux adversaires d'aujourd'hui. Savez-vous, par exemple, ce que M. Denjoy écrivait aux électeurs de la Gironde :

« La France, après tant d'essais, ne peut plus
» vouloir la monarchie ; une colère du peuple a
» fait crouler l'édifice ; la *monarchie est morte ;* le
» *peuple est adulte ;* la France désormais ne peut
» plus être gouvernée que par la France. Les par-
» tis d'autrefois *n'existent plus* que dans le souve-
» nir : *plus de légitimistes radicaux ; plus de conserva-*
» *teurs*; il ne nous faut plus que deux partis :
» Ceux qui veulent vivre en travaillant, *ceux qui*
» *veulent vivre du fruit des labeurs des autres.* Hom-
» mes de travail de toute condition, *seuls honnêtes*
» *gens que je connaisse*, soyez donc toujours au
» poste, les premiers partout, à la garde nationale,
» au club, à l'élection. Que la France s'aide elle-
» même, Dieu l'aidera ; il l'a établie l'initiatrice
» des peuples ; que leur admiration légitime pour

» elle continue d'entraîner leur imitation. *Que* » *Dieu protége la république.* »

« Le Denjoy du *club*, le Denjoy *initiateur des peuples*, le Denjoy qui ne reconnaît d'*honnêtes gens* que ceux qui vivent de leur travail, est-ce là le fougueux réactionnaire d'aujourd'hui ? *Quantùm mutatus* !...

» Et M. de Montalembert, ce saint homme, que disait-il ?

« Je n'ai eu qu'un seul drapeau, la liberté en » tout et pour tous... La liberté a été l'idole de » mon âme. »

» Si M. de Montalembert n'avait pas emprunté à Duprez, avec une légère variante, cette phrase si connue du *Guillaume Tell :* « O Mathilde, idole de mon âme ! » serait-il pardonnable d'avoir appelé plus tard la liberté une *bête féroce* ? Il avait été évidemment entraîné par un souvenir musical, et voilà pourquoi il a pris ensuite contre M. Victor Hugo, à la tribune nationale, le parti des oppresseurs des peuples, contre la noble défense du poète.

» Et M. de Falloux, cet autre vénérable ermite qui *s'honorait de ses relations* avec les membres du Gouvernement provisoire, et appelait agréablement les *puissances étrangères* des *impuissances étrangères;* qui témoignait de son *admiration* pour le peuple de Paris, dont la bravoure, la générosité et la délicatesse lui paraissaient *surpasser celle de beaucoup de corps politiques qui ont dominé la France*, et qui s'écriait, en croisant les bras sur sa poitrine, que la victoire de 1848 avait un *caractère sacré*; M. de Falloux a-t-il été bien conséquent avec ces éloges en faisant bombarder Rome?

« Nous pourrions multiplier ces citations, mais le spectacle de telles palinodies est trop affligeant pour que le regard puisse s'y arrêter longtemps.

» Nous reprocherons à M. Robin d'être sévère jusqu'à l'injustice à l'égard d'un des plus grands noms de France. M. de Lamartine était déjà préparé depuis longtemps au rôle qu'il a joué dans la dernière Révolution. Son esprit d'élite s'était imprégné peu à peu de celui de l'époque; il avait passé par toutes les phases gouvernementales pour aboutir logiquement à l'idée démocratique. Cette idée se cachait derrière le mot de *réforme* qu'on jetait en avant; elle était pour ainsi dire inaperçue au fond des verres dans tous les banquets. M. de Lamartine ne s'en dissimulait pas la présence. Il ne se trompait pas au vain bruit qui se faisait autour de lui. Il voyait clair dans la confusion. Lorsque la plupart des chefs de l'opposition constitutionnelle reculaient à Paris devant les menaces d'un ministre, M. de Lamartine s'écriait déjà avec le pressentiment de l'avenir : « Si les baïonnettes viennent à déchirer la loi, si les fusils ont des balles, ce que je sais, messieurs, c'est que nous défendrons de nos voix d'abord, de nos poitrines ensuite, les institutions et l'avenir du peuple, et qu'il faudra que ces balles brisent nos poitrines pour en arracher les droits du pays. Ne délibérons plus, agissons. »

» M. de Lamartine a donné des gages solides et sérieux, et non des réminiscences d'opéra, à la révolution de 1848, et son caractère commande toujours, comme son génie, l'estime et le respect. — Hippolyte Lucas. »

M. Victor Hennequin parle aussi longuement de mon livre, dans le numéro du 10 septembre 1849, de la *Démocratie pacifique*. Nous ne citerons que quelques lignes :

« L'ouvrage de M. Charles Robin nettement,
» élégamment écrit est d'un homme qui a connu
» les acteurs de la Révolution de février, qui a
» combattu lui-même et qui paraît tenir d'assez
» près aux écrivains courageux de la *Réforme*.
» Bien éloigné des complaisances de M. de Lamar-
» tine, il est impitoyable pour les républicains
» dépaysés. On peut étudier dans ce livre les

» grands enseignements que la Providence nous » a donnés. »

Ecoutons maintenant le journal *la Liberté* du 25 juillet 1849 :

« Deux histoires de la Révolution de 1848, écrites à des points de vue complétement opposés, viennent de paraître simultanément. L'une, celle de M. de Lamartine, est une œuvre défectueuse, hérissée d'erreurs, de fausses appréciations, qui, déjà, ont donné lieu à beaucoup de récriminations. La personnalité du poète historien y éclate à chaque page. En un mot, c'est un panégyrique de M. de Lamartine et une diatribe contre la démocratie.

» L'autre, celle de M. Charles Robin, qui est placé dans les conditions d'impartialité indispensables pour écrire l'histoire, est un ouvrage sévère. Le jeune historien, contrairement à M. de Lamartine, fait indistinctement pivoter son récit sur les hommes qui ont joué un rôle quelconque dans le grand drame de Février. Il a laissé à chacun la responsabilité de ses actes, et avec une égale justice distributive, il a impartialement départi le blâme ou l'éloge.

» En faisant luire la vérité sur les faits, perfidement dénaturés par l'esprit de parti, en signalant des particularités historiques inconnues ou mal appréciées jusqu'à ce jour, en propageant des vérités utiles, instructives, M. Ch. Robin, a eu en vue de ramener au sentiment de l'équité les esprits égarés, pervertis, dont le jugement a été faussé par les erreurs et les calomnies systématiquement répandues sur des hommes ou des choses que l'opinion contemporaine condamne ou glorifie trop souvent sans les connaître. L'important travail de M. Charles Robin, auquel nous empruntons ces pages historiques, aura, dans ces temps de passion politique, une haute portée sociale. Faire connaître la Révolution, c'est la venger de ses détracteurs. — Barillon. »

Je continue à donner, sur mon compte, l'opinion des journaux de Paris où on doit bien rire de l'étrange situation qui m'est faite à Saint-Etienne.

La *Presse* du 7 février 1850 s'exprimait ainsi :

« L'*Histoire de la Révolution de* 1848, par M. Ch. Robin, a produit une sensation profonde dans le monde politique. L'apparition de cette œuvre remarquable est en général considérée en France, en Allemagne et en Italie comme un événement d'une haute portée sociale. C'est qu'aussi l'inexorable historien a arraché bien des masques, dévoilé bien des hypocrisies, rectifié bien des erreurs. Il a fait justice de tous les mensonges, de toutes les vanités des auteurs ou acteurs du grand drame révolutionnaire. Rien ne surpasse l'intérêt puissant de ce récit si riche de documents authentiques, de particularités historiques laissées dans l'ombre par ceux qui avaient de graves motifs pour ne pas les révéler. M. Ch. Robin a impitoyablement flétri toutes les apostasies et mis à nu les plaies secrètes des partis qui conduisent la France à des abîmes par leurs actes insensés. Que de prétendus grands hommes il a renversés du piédestal sur lequel ils se sont élevés ! ce livre que l'on pourrait, à juste titre, intituler : *l'Histoire des Révolutions européennes*, est la seule œuvre sérieuse, impartiale, qui restera comme reflétant avec une fidélité rare les événements si étrangement appréciés jusqu'à nos jours. »

Les journaux littéraires s'occupaient également beaucoup de mon *Histoire de la Révolution*. Voici ce qu'en disait l'*Artiste* du 15 février 1850 :

« Quel malavisé a donc osé dire qu'on ne pouvait écrire l'histoire contemporaine ? M. Charles Robin vient de répondre victorieusement à cette assertion en prouvant une fois de plus que le mot *impossible* n'est pas français.

» Quelques hommes d'Etat, ayant un nom plus connu que celui de M. Charles Robin, ont essayé d'écrire l'histoire de la Révolution de février. Mais dans leur œuvre, ils se sont préoccupés avant tout de leur personnalité, de leur gloire; ils se sont racontés à eux-mêmes ou à leur entourage leurs actes d'héroïsme; mais du peuple qui a été tout, et par quiils auraient pu être quelque chose, pas un mot! Comme le singe de la fable montrant merveille à ses auditeurs ébahis, ils ont oublié d'éclairer leur lanterne magique. M. Charles Robin, au contraire, a voulu peindre d'après nature le grand drame qui a commencé en février. Sa responsabilité n'étant pas engagée dans les aventures qu'il raconte, il n'a pas été forcé de faire consister la vérité et l'art historique à disposer les hommes et les choses suivant les besoins d'une cause particulière, à grouper un récit par masse d'événements autour de sa personne.

» La méthode de M. Charles Robin est celle d'un esprit ferme, hardi, parfois inexorable, qui dénombre et déduit les faits, les points précis, sans affirmer toutefois qu'il n'y a rien au delà. Mais on sait à quoi s'en tenir : la conjecture est facile. On devine ce qu'il ne veut pas dire. A part ces honorables réticences, il a su faire sortir des affinités et des combinaisons d'événements l'intérêt et l'unité d'une œuvre sérieuse. Il nous conduit par la main au milieu de toutes les scènes qui ont eu lieu sur les divers points de Paris ;

mais en s'attachant aux détails, il ne perd point de vue l'ensemble du drame. Ce qui frappe surtout dans l'ouvrage de M. Charles Robin, indépendamment de l'érudition et des qualités d'esprit fin, ingénieux que l'auteur y a versées, ce sont les vues élevées, les aperçus neufs, les rapprochements curieux. Rien ne surpasse l'intérêt puissant, varié de l'œuvre. Il n'est pas un point qui ne porte sur un fait, sur une notion précise, sur une anecdote piquante. Après avoir savamment dressé le catalogue de tous les événements qui ont signalé les dernières années du règne de Louis-Philippe, il donne le bilan de la situation extérieure, aggravée par les complications de l'intérieur, et il en fait découler judicieusement les causes morales du mouvement populaire. L'exploration du jeune historien dans le passé est un petit chef-d'œuvre dont le ton général ne manque pas d'un certain éclat. Il entre ensuite dans la Révolution, il en raconte et suit vivement toutes les phases, en haut comme en bas. Il montre toutes les machines de siége, tous les efforts des assiégeants et des assiégés, et tout cet effroyable chaos de la grande lutte est exposé avec une lucidité remarquable. Pas un fait laissé dans l'oubli, pas un caractère relégué dans l'ombre, pas un portrait sans relief; mais la grande figure du peuple, le sublime acteur domine toujours le tableau : au-dessus des cris du forum on distingue comme un grave écho de la France, de l'inspiration nationale.

» Pour arriver à faire une œuvre aussi complète de documents, l'auteur a dû arracher des révélations à plus d'un gouvernant de la veille, à beaucoup de combattants du lendemain.

» Analyser ce livre, ce serait entasser fastidieusement, comme dans une table des matières, nos éphémérides avant, pendant et après la révolution de février pour arriver jusqu'à l'élection du 10 décembre. En écrivant cette histoire, M. Ch. Robin a montré une patience de bénédictin; et plus d'un écrivain lui saura gré, plus tard, d'avoir mis en réserve tant de documents épars, d'avoir fixé les faits si ondoyants et si divers accomplis depuis deux ans. L'authenticité des pièces qu'il produit, la scrupuleuse exactitude des événements qu'il raconte, et la haute impartialité dont il a donné tant de preuves, assurent à son ouvrage un succès sérieux et durable auprès des hommes de tous les partis. — W. A. »

Enfin la plupart des journaux de province reproduisaient mon récent ouvrage en feuilletons et en donnaient des appréciations extrêmement flatteuses. Pour en finir avec ces citations, que je pourrais multiplier à l'infini, je me borne à extraire ceci de la *Tribune de la Gironde*, du 22 février 1850 :

« Mettre en scène d'une manière dramatique et émouvante les personnages du drame révolutionnaire de février, dérouler avec une exactitude rigoureuse le tableau des événements accomplis pendant la période de 1848, montrer la part d'influence que chacun a eue sur ces faits, tel était le véritable moyen de détruire bien des fâcheuses préventions, d'étouffer la calomnie et de répandre la lumière sur les hommes et les événements ! Voilà l'œuvre patriotique entreprise par M. Charles Robin. Elle était digne d'un écrivain de talent, animé de sentiments généreux et démocratiques. Son livre rendra, nous n'en doutons pas, un service réel à la cause républicaine.

» L'histoire démocratique de la Révolution de février était à faire. M. de Lamartine avait bien écrit une histoire de cette Révolution. Mais c'était une œuvre plutôt personnelle que générale, qui avait surtout pour but de faire l'apologie du rôle qu'avait joué son auteur, pendant l'agitation révolutionnaire. D'ailleurs, la légèreté regrettable avec laquelle M. de Lamartine a accueilli un grand nombre de faits qu'il raconte, donne presque à son œuvre le caractère d'un roman. M. Louis Blanc a publié quelques pages sur le même sujet.

Mais la brochure de cet écrivain est surtout un plaidoyer éloquent dans lequel le proscrit de la réaction royaliste se défend contre d'odieuses imputations, en exposant sa conduite politique au sein du Gouvernement provisoire et à l'*Assemblée constituante*.

» M. Charles Robin s'est placé à un point de vue beaucoup moins personnel, plus abstrait. L'homme s'efface chez lui devant l'historien, qui juge avec sa raison et sa conscience, libre de tout intérêt personnel, les hommes et les événements dont il a à parler. Républicain dévoué, ses opinions démocratiques n'empêchent pas M. Robin de signaler les fautes commises par ses amis politiques ou par son parti. Nous ne saurions engager trop vivement les hommes de bonne foi, qui veulent connaître la Révolution de 1848, à lire l'histoire dont nous les entretenons. Les démocrates puiseront dans les faits qui y sont rapportés, dans le récit de nos erreurs, de nos fautes, un enseignement, une leçon pour l'avenir.

» Après la lecture de ce livre remarquable, on aura une idée exacte du grand mouvement politique et social de Février. D'ailleurs, pour que nos lecteurs puissent apprécier le mérite historique et littéraire de M. Charles Robin, la *Tribune* se propose de publier prochainement, en feuilleton, des extraits de l'*Histoire de la Révolution de 1848*. — T. Dezarnauld. »

Certes, si j'avais eu un peu de cette vanité inhérente aux écrivains, j'aurais eu de quoi m'enorgueillir de ces portraits flatteurs, de ces éloges de la presse et du bruit qui s'est fait autour de mon nom pendant dix ans. Mais, je n'en ai jamais parlé, même à mes amis. J'allais toujours en avant sans me préoccuper de l'éloge ni du blâme. A la vie un peu orageuse de mes premières années, pendant lesquelles la vivacité de mon caractère ne pouvait être tempérée par les liens ou les conseils de la famille, avait succédé une vie calme, réfléchie, ardente au travail. Que de fois, chez moi même, j'ai quitté la table où continuaient de rester mes convives pour me remettre à l'étude. Il y a des jours où je produisais une feuille entière, seize pages d'impression, petit texte, d'histoire, travail qui nécessite de continuelles recherches. Cela passait pour un rare tour de force dans le monde des lettres. Je n'ai jamais mené ce qu'on appelle à Paris la vie de Bohême, malgré un contact forcé avec la pleïade de tous les charmants esprits qui vivent au jour le jour aussi insouciants du présent que de l'avenir. Je pourrais en appeler ici, sur ce point, à toute la république des lettres qui se raillait de ma gravité.

V

Parlerai-je des journées de Juin 1848? A quoi bon rappeler ici ces jours à jamais néfastes. Il est des scènes lugubres que l'écrivain se refuse obstinément à retracer pour l'honneur de son pays. Je ne mentionnerai cet épisode que parce qu'il se rattache à un incident de ma vie.

C'était le 23 juin, à neuf heures du matin, j'étais encore couché, fatigué de veilles qui se prolongeaient chaque jour jusqu'à une ou deux heures du matin : je travaillais à mon *Histoire de la Révolution*.

On sonna violemment à ma porte. Cette visite matinale, à Paris, chez un homme de lettres, avait lieu de m'étonner. A peine eus-je ouvert que je ne pus retenir un cri. Une enfant de dix-sept ans à peine, en cheveux, la figure bouleversée, se précipita vers moi en criant : « Vous ne vous « battrez pas, n'est-ce pas ? Non, vous ne vous « battrez pas, je ne le veux pas ! »

Qu'on juge de ma surprise. Je ne savais rien de ce qui se passait dans Paris, et depuis le maon courait aux armes, on formait des barricades, tandis que le tambour appelait la garde nationale dans Paris.

J'avais connu le père de cette jeune fille au club de la Meurthe, dont j'étais le président et qui se réunissait au faubourg Saint-Denis, dans la même salle qui servait de réunion au club des Vosges. Ce club avait pour président M. Boulay (de la Meurthe), futur vice-président de la République. Ce sont ces deux clubs qui organisèrent le Banquet de la Constituante qu'on donna à l'Hippodrome. J'avais été nommé président de la Commission de ce banquet dont nous offrîmes la présidence et la vice-présidence à Béranger et à Lamennais.

Le père de la jeune fille en question, M. X...., riche fabricant du département de la Moselle, avait un dépôt rue Saint-Denis. Il était membre délégué de la Commission. De là, nos relations et mes visites chez lui, où la première fois je fus saisi d'admiration à l'aspect de la plus délicieuse tête de jeune fille que j'eusse jamais vue.

Mon imagination avait longtemps rêvé un beau idéal qui se trouva réalisé comme par magie dans ce type fin et délicat que j'avais devant les yeux. Ce gracieux visage qu'encadrait une magnifique chevelure noire captiva l'écrivain, et un rapide regard lancé par deux grands yeux vifs et perçant captiva l'homme. J'emportai le souvenir de cette poétique apparition et un amour profond dans le cœur. Le lendemain et les jours suivants, je revis M. X... et sa fille. Pendant longtemps elle n'osait plus lever les yeux sur moi, car elle sentait le feu de mon regard qui l'épiait.

Peu à peu l'amour exerça sa puissance. A une première lettre en succéda une autre, et un aveu fut arraché à la timide jeune fille, plus tard, je pus lui parler tous les soirs, à l'heure que je consacrais à la promenade.

A quelle vive et douce émotion l'âme de cette pudique enfant fut en proie la première fois qu'elle entendit cette voix qui venait du cœur lui parler d'amour, je l'ignore.

Tout ce que je sais, c'est que son cœur abondait en espérances vierges, en joies ineffables.

Qui eût vu cette jeune fille aux mouvements onduleux, à la physionomie resplendissante de bonheur, l'eût prise pour une de ces suaves conceptions dues à l'imagination poétique des artistes.

Ce fut elle qui se présenta chez moi le 23 juin; connaissant ma nature exaltée, les dangers que j'avais courus en février, elle venait me faire jurer, au nom de cet amour qu'elle m'avait voué, de ne prendre aucune part à la lutte qui s'engageait. Je promis et tins mon serment. Elle se serait presque jetée à genoux pour me remercier. Cet amour était vierge comme nos pensées, et je la reconduisis jusqu'à la porte de la maison de son père, où, grâce à une vieille bonne qui l'avait élevée, son absence n'avait pas été remarquée.

M. X.... passait pour être un des plus riches et des plus intègres négociants de Paris. Outre les produits provenant de sa fabrique, il faisait le commerce de l'exportation pour des sommes considérables.

Il montait régulièrement sa garde, payait ses billets à échéance et le monde ne lui en demandait pas davantage.

Il pouvait être mauvais père, comme il avait été mauvais époux, maître impitoyable envers ses ouvriers, léger avec les femmes qu'il employait, tyran et despote dans son intérieur, la société n'a que faire de s'occuper de ces choses-là. Pour elle, M. X... était un homme honorable. Et cependant sa femme, charmante et douce personne, était morte de chagrin, après six ans de mariage, sans faire entendre une plainte, sans avoir jamais articulé un reproche contre son mari. Elle ne lui adressa qu'une prière, ce fut pour lui recommander sa fille. Il plaça la jeune Louise dans un pensionnat et ne s'en occupa que le moins qu'il put, c'est-à-dire aux jours solennels, quand on la lui amenait. Lorsqu'elle eut atteint sa seizième année, il la rappela près de lui et en fit une espèce de commis, en attendant qu'il pût la marier selon ses vues et ses intérêts.

M. X... était un type de cette froide école du positivisme moderne qui se rit de tous les sentiments généreux, nobles et grands, qui distinguent l'homme de la brute. Quand il avait dit, avec un tas de niais qui le répètent en croyant donner une haute idée de leur moralité : les affaires avant tout, M. X... se figurait avoir répondu à toute objection.

Les affaires avant tout ! Quand un homme vient vous lancer cette phrase sèchement égoïste à la face, vous n'avez pas besoin de demander qui il est ? Cette stupide maxime le peint tout entier. Ou c'est un sot qui ne comprend pas la valeur des mots, ou c'est un homme sans cœur. Par un contraste assez fréquent dans les familles, M. X... avait pour fille tout ce que l'on pouvait trouver de beau et de bon dans l'humanité.

Louise commençait à croire que son père, qui déjà lui avait parlé mariage, avait renoncé, pour le moment du moins, à vouloir lui imposer un mari. Les jours s'écoulaient paisiblement, sans le moindre signe précurseur de l'orage qu'elle redoutait. Elle avait interrogé M. X... de ce regard furtif et pénétrant de l'amour alarmé; cette physionomie de marbre ne reflétait qu'une apparente bonhomie. La pauvre enfant se laissait aller à de douces espérances en songeant au bonheur que je pourrais éprouver en apprenant qu'elle restait libre et maîtresse d'elle-même.

Mais que devint-elle quand un jour, son père, plus sombre et plus froid que de coutume, vint lui dire, sans aucun préambule ni commentaire explicatif:

— Suivez-moi, j'ai à vous parler.

A cette injonction, Louise sentit tout son sang affluer vers son cœur.

Arrivé dans sa chambre, M. X... indiqua un siége à sa fille, s'assit en face d'elle, se recueillit quelques instants et lui dit :

— J'arrive de chez M. D..., dont je vous ai parlé, et je viens d'arrêter avec lui les dernières dispositions relatives à votre mariage. M. D... a trente-cinq ans, il est chef d'une des premières maisons de commission de Paris, il est riche et me laisse pendant cinq ans encore les cent cinquante mille francs qui vous reviennent depuis la mort de votre mère. Je ne lui servirai que les intérêts du capital dont il m'abandonne la jouissance. M. D... vous a vue, vous aime...

— Mon père!...

— Laissez-moi achever, vous parlerez après. L'homme que je vous ai choisi est d'un caractère doux, conciliant; il fera un excellent mari. Ce soir, il viendra dîner ici, et j'espère que vous quitterez vos airs rêveurs pour le recevoir convenablement.

Louise était foudroyée. Elle se sentait le cœur serré comme s'il eût été étreint dans un étau. Le moment était venu de déployer de l'énergie, et elle se sentait sans force devant l'attitude grave, le regard sévère de son père. Elle était brisée, anéantie. Aucune parole ne pouvait sortir de ses lèvres pâles et serrées. On eût pu la croire pétrifiée, si ses yeux hagards et suppliants n'eussent trahi ses souffrances intérieures.

— Ainsi c'est convenu, ajouta M. X... qui feignit de prendre pour un acquiescement à ses volontés la muette douleur de sa fille.

Et il se leva. Louise eut un sublime mouvement de désespoir.

— Mon père ! s'écria-t-elle en se précipitant vers lui. Son émotion était trop forte, elle n'en put dire davantage.

— Qu'est-ce ? fit M. X... en la repoussant doucement.

— Je vous en supplie, écoutez-moi, murmura la jeune fille.

— C'est bon, c'est bon, épargnez-vous des phrases inutiles. Pour deux raisons : je veux vous éviter la peine de vous fatiguer la poitrine par des amphibologies que vous regretteriez plus tard : la première, c'est que ma décision est irrévocable ; la seconde, c'est que je connais d'avance tous les arguments qu'une fille peut faire valoir en pareille circonstance.

Louise fut froissée de cet égoïsme avec lequel on voulait arbitrairement disposer de sa personne, de ce mépris que l'on avait pour ses sentiments les plus intimes.

— Mais, mon père, si je n'aime pas M. D..., si je ne puis l'aimer !...

La candide enfant croyait avoir trouvé un argument sans réplique. M. X... haussa les épaules.

— Qui vous oblige à l'aimer, répondit-il. Je ne

sache pas qu'il soit indispensable d'aimer son mari pour être heureuse en ménage.

Louise était confondue. Ce langage des positivistes modernes était si nouveau pour elle qu'elle regarda son père pour s'assurer qu'il parlait sérieusement. Cette froide impassibilité l'épouvanta.

— Et si j'en aime un autre?... hasarda-t-elle en tremblant.

— Un autre? répéta machinalement M. X...

— Oui, mon père, un autre, reprit Louise en s'enhardissant.

— Assez! interrompit M. X..... J'espère que tout cela est pur caprice de votre romanesque imagination, et je vous engage à ne pas prolonger cette ridicule comédie. J'ai autre chose à faire que d'écouter toutes les billevesées qui vous passent par la tête. Finissons-en. Je vous ai fait connaître mes intentions, préparez-vous à vous y conformer.

Louise comprit qu'elle était perdue. Le regard de son père, ses paroles, le son de sa voix ne lui laissaient aucun doute à cet égard. Il ne lui restait que deux moyens de salut : tout avouer ou résister, double perspective dont les conséquences l'effrayaient également. Son cœur battait à rompre sa poitrine, et les mouvements de son sein trahissaient ses agitations intérieures. Qui pourrait dire ce qui se passa dans l'âme de cette jeune fille en cet instant solennel? Elle était si profondément émue qu'elle ne pouvait maîtriser un imperceptible tremblement nerveux : ses yeux se voilaient et elle sentait ses jambes fléchir sous le poids de son corps souple et délicat.

Déjà M. X... se disposait à s'éloigner... Toute hésitation devenait compromettante.

Louise appela tout son courage à son aide. Belle de désespoir, elle s'élança vers son père, se jeta à ses genoux, se cramponna à ses vêtements par des crispations fiévreuses et lui avoua tout. Elle sut trouver des mots sublimes, des accents déchirants pour raconter son pudique amour de jeune fille, avec toutes ses luttes, ses angoisses, ses espérances et ses terreurs. Où trouva-t-elle cette grâce touchante, cette poétique éloquence pour parler des joies enfantines, des naïfs tourments de ce premier amour de sa vie qui répandait sur elle un éclat céleste?...

M. X... fut presque ému et sa colère s'accrut de cette faiblesse momentanée.

Louise attendait son arrêt dans une horrible anxiété.

— Vous êtes folle, lui dit son père. J'aime mieux croire à l'aberration de votre esprit qu'à la corruption de votre cœur. Vous avez été imprudente sinon coupable Je veillerai à ce que cette dangereuse plaisanterie ne se prolonge pas.

— Mon père, exclama Louise, vous êtes cruellement injuste envers un homme trop désintéressé pour songer à exiger la moindre parcelle de votre fortune ou de la mienne. Gardez-la, cette fortune, nous y renoncerons tous deux avec joie pour vous devoir notre bonheur.

— Avouez, interrompit M. X.., que vous avez une bien grande foi en ma longanimité. Il faut cependant que tout ce verbiage ait un terme. Or, écoutez-moi bien : quelque répréhensible que soit votre conduite, je ne veux vous faire aucun reproche superflu. J'oublierai le passé et vous m'imiterez. Ce soir, je vous présenterai M. D..., et dans huit jours nous signerons votre contrat. D'ici-là vous ferez vos réflexions.

Louise fut terrifiée de cette implacable ténacité. Sa dernière espérance lui échappait et elle se voyait vouée au malheur. Elle eut une si horrible défaillance de cœur, qu'elle crut qu'elle allait mourir.

— Oh ! vous ne serez pas impitoyable, murmurait-elle en se traînant aux pieds de son père, en l'implorant du geste et de la voix ; je ne le verrai plus, je vous le promets; mais gardez-moi près de vous, ne me contraignez pas à en épouser un autre, à vous désobéir...

— Me désobéir! s'écria M. X... avec une explosion de colère. L'oseriez-vous ?

— Non, oh ! non, mon Dieu! reprit la jeune fille en sanglotant et en proie au plus violent désespoir. Punissez-moi si je suis coupable, je subirai sans me plaindre toutes les tortures que vous m'infligerez. Tuez-moi, s'il faut renoncer à lui, mon Dieu! et je vous bénirai encore. Mais un autre... Oh! grâce ! pitié ! s'écria-t-elle, dans le paroxysme de la souffrance et de l'exaltation.

Et la malheureuse enfant se tordait les mains de désespoir.

M. X... arrêta sur elle un regard indéfinissable et répondit :

— C'est parce que j'ai pitié de vous, que dans un mois vous serez Mme D...

Un éclair de sauvage énergie passa dans les yeux de Louise. Elle se leva, raide et droite, le regard fixe, les lèvres frémissantes, et parut aspirer tout ce qu'il y avait encore de force en elle pour s'écrier :

— Jamais!...

Et, épuisée, elle tomba sans connaissance sur le parquet.

Pendant deux mois, Louise fut entre la vie et la mort, et, durant cette maladie, bien des événements s'étaient accomplis. En proie à tout ce que l'impatience et l'amour peuvent infliger d'épouvantables tortures au cœur humain, j'attendais la réalisation des promesses de Louise.

Mais quinze jours, un mois s'écoulèrent; n'y tenant plus, je me dirigeai vers la rue Saint-Denis; cent fois je passai et repassai devant le magasin de M. X... sans apercevoir ce que je cherchais et sans pouvoir obtenir ou plutôt sans oser demander le moindre renseignement sur l'absence de Louise.

Le magasin était sombre et désert..., pourquoi?... J'avais vainement interrogé quelques voisins officieux, on ne m'avait fait que des réponses vagues qui n'apportaient aucun remède à une horrible anxiété.

La convalescence de la jeune fille fut aussi longue que mon désespoir fut douloureux. D'étranges événements étaient survenus, et l'un de ces hasards si fréquents dans la vie des commerçants parisiens avait amené pour M. X... une de ces situations qui annulent en quelques heures trente ans de labeurs et de probité. Deux faillites avaient jeté coup sur coup sur la maison de commerce leurs inexorables échéances, et du jour au lendemain la fortune du négociant, assise en apparence sur des bases solides, avait subi une atteinte aussi imprévue qu'écrasante.

Doué d'une âme ferme et vigoureusement organisée, M. X... s'était raidi d'abord contre ces assauts inattendus, mais dès l'instant où il lui fut démontré que la force des choses devait l'emporter sur tous ses efforts, et que la lutte contre la mauvaise fortune n'avait d'autre aboutissant qu'une ruine inévitable, il tomba dans une mélancolie sombre. Ce fut alors que ce père implacable put apprécier toute la tendresse de sa fille.

Louise, qui avait trouvé assez de force et d'énergie pour résister à une volonté arbitraire et impérieuse, fut faible, résignée, devant le malheur atteignant celui qui avait été sans pitié pour elle. Sur mes instances et après des scènes qui furent tout un drame, par un sublime dévoûment, elle consentit à épouser M. D..., qui par sa fortune et son crédit, pouvait sauver M. X...

Ce mariage sauva le père en effet, mais Louise,

que j'y avais poussée moi-même, sur les supplications de M. X..., se retirait deux ans après dans un couvent.

Ce fut l'un des plus grands sacrifices et l'un des plus douloureux événements de mon existence. J'en souffrirais encore si je n'avais trouvé plus tard la meilleure et la plus généreuse des femmes.

J'aurais peut-être dû taire cet épisode, mais comme j'ai déjà glissé sur beaucoup d'autres de ma vie intime, j'ai pensé qu'il importait de montrer un peu l'homme en même temps que l'écrivain.

A peine avais-je terminé l'*Histoire de la Révolution* que je publiai plusieurs volumes d'études sur Proudhon, Arago, Louis Blanc, etc., cherchant dans les hommes qui avaient le plus marqué dans notre histoire contemporaine l'explication de certains faits. Ce travail, je le faisais avec toute l'impartialité possible ainsi que l'atteste la lettre suivante de Louis Blanc :

« Londres, le 15 septembre 1851.

« Cher concitoyen,

« M. Naud m'a envoyé un livre que vous avez » bien voulu consacrer à moi et à mes écrits. Ai-je » besoin de vous dire avec quelle émotion de gra- » titude j'ai lu des pages si pleines pour moi d'é- » loquente et noble sympathie.

» Je n'ajouterai pas que l'exquise bienveillance » des formes s'allie quelquefois dans ce livre à des » appréciations un peu sévères, peut-être, en ce » qui touche les actes de ma vie politique. Vous » avez exercé envers moi votre droit de critique » avec la ferme loyauté qui convient à une plume » républicaine, et j'aurais trop mauvaise grâce à » me plaindre de quoi que ce soit.

» Recevez donc mes remercîments les plus af» fectueux. Vous m'avez fait, rien que par l'idée du » livre, un honneur auquel je suis très-sensible, et » j'ai été heureux de retrouver les battements de » mon cœur dans ceux du vôtre.

» Je vous serre la main comme à un frère et à » un compagnon d'armes.

» Louis Blanc. »

Veut-on d'autres lettres? J'en ai des paquets énormes et pouvant former des volumes. En voici quelques-unes et par extraits, qui suffiront à établir ce que je veux montrer à mes ennemis : une notoriété publique de vingt années, la considération dont j'ai toujours joui et le nombre des honorables amitiés que j'ai inspirées.

Qu'on juge :

« Paris, 9 novembre 1847.

« Mon cher ami,

« Si tu n'as pu faire l'affaire en question, celle » dont tu m'avais parlé au journal, je suis en me» sure de la faire terminer.....

« Tout à toi,

« Émile Marco de Saint-Hilaire. »

« Londres, 22 mars 1850.

« Cher concitoyen,

« J'ai reçu votre bonne lettre à Londres, j'y » réponds de Bruxelles.

» Travaillez, travaillez, là où se trouvent tant » de bons éléments. Fortifiez, éclairez, encoura- » gez les masses si intelligentes, déjà si pleines de » dévoûment, etc.

» Mille bonjours fraternels.

» Etienne ARAGO. »

« Paris, 12 janvier 1852.

» Cher ami,

» C'est une fatalité inexprimable. Je suis allé » deux fois chez Jourdan sans le rencontrer... Si » vous voyez à m'envoyer chez X..., disposez de » moi.

» Tout à vous,

» A. NEFFTZER. »

« Paris, 12 février 1847

» Je vais partir, cher confrère, avec le vif re- » gret de ne vous avoir pas revu. A mon retour, » je m'empresserai de vous écrire et j'espère que » vous voudrez bien venir causer avec moi.

» Tout à vous,

» Jules SANDEAU. »

« Paris, 12 mars 1851.

» Mon cher Robin,

» Ayez la bonté de m'envoyer demain, au Théâtre-Français, le numéro du feuilleton où vous parlez si sympathiquement de votre tout dévoué

» Arsène HOUSSAYE. »

« Paris, 6 février 1855.

» Mon cher Robin,

» Je vous recommande très-expressément M. X.; qui est l'un de mes amis et l'un des propriétaires de ma publication : *les Petites Causes célèbres.* Je vous serai bien obligé de ce que vous voudrez bien faire pour lui à l'Exposition.

» Bien à vous,

» Frédéric THOMAS. »

« Paris, 12 janvier 1852.

» Mon cher Robin,

» Je n'ai pas de bonheur, M. Havin était absent, mais comptez sur moi, etc...

» Votre dévoué,

» Louis JOURDAN. »

» Paris, 2 octobre 1851.

» J'ai été si préoccupé, cher citoyen, si distrait, si empêché de toute façon depuis quelque temps, qu'il ne m'a encore été possible de répondre à vos questions pour votre ouvrage. J'ai écrit à

» Garnier de vous envoyer la collection de mes
» livres. Comment êtes-vous? que faites-vous? etc.

» Je vous souhaite le bonjour et vous prie de
» faire mes civilités à mes anciens compagnons.

» P.-J. Proudhon. »

« Paris, 18 février 1848.

» Monsieur et estimé confrère,

» J'ai appris chez Victor Hugo que vous publiez
» l'*Histoire de la littérature au XIXe siècle*. Il est du
» devoir de tous les littérateurs de vous aider
» dans cette œuvre importante, etc.

» Agréez, cher confrère, avec l'assurance de
» ma propagande, l'expression de mes meilleurs
» sentiments,

» Antony Thouret. »

« Paris, 3 juin 1851.

» J'ai lu, cher concitoyen, les deux volumes
» de votre admirable histoire. Veuillez croire à
» toutes mes sympathies. Courage et patience.

» Votre dévoué,

» C. Basset,

» *Représentant du peuple.* »

« Paris, 2 mai 1851.

» Mon cher confrère,

» D'après les nouvelles que je reçois de Mar-

» seille, je crois que le journal sera confié à
» M. Kauffman. Je réponds courrier par courrier
» pour qu'on vous en donne la direction.

» Votre tout dévoué,

» Alphonse Esquiros. »

Paris, 12 juin 1851.

« Vous êtes, citoyen, un de ces hommes de cœur,
» d'abnégation et de courage, que l'on est tou-
» jours heureux de connaître autant dans leur
» personne que dans leurs écrits. Je compte me
» donner ce plaisir si vous le trouvez bon.

» Je vous serre la main affectueusement,

» Ch. Gérard,

» *Représentant du peuple.* »

12 juin 1848.

M. Etienne Arago m'envoyait, avec ce mot, à M. Recurt, ministre de l'intérieur.

« Mon cher Recurt,

» Je t'adresse comme je te l'ai dit, M. Charles
» Robin, qui s'est fait connaître dans la républi-
» que des lettres par des publications qui ont la
» sympathie de la Société qui représente tout ce
» qui tient une plume.

» Tout à toi,

» Etienne Arago. »

Il s'agissait d'une mission et d'une place que je refusai.

J'abrége. Déjà membre de la Société des Gens de Lettres depuis 1846, je recevais le 3 juin 1847, la pièce suivante :

« Dans sa séance du 30 mai 1847, le Conseil
» d'administration de la Société établie pour la
» conservation et la description des monuments
» historiques de France, a nommé membre de
» cette Société, M. Charles Robin.

» A. de Caumont, † Mellon, arch. de Sens. »

Le 15 février 1850 je recevais avis de M. Fortoul de ma nomination de membre honoraire de l'Athénée de Marseille.

La publication de ces pièces embarrassera sans doute mes chers ennemis, mais les affectueux témoignages de sympathie qu'elles contiennent peuvent me consoler de certaines attaques. Mes amis seront bien certainement de cet avis.

VII

Dans le courant de 1850, la *Réforme* avait dû changer son titre : elle s'appelait le *Vote universel* et sa rédaction était renouvelée. C'était Lamennais qui en était le rédacteur en chef.

J'avais commencé dans ce journal une série d'articles intitulés : *Aux Paysans*. Le pouvoir s'en émut, je fus traduit en Cour d'assises, selon la législation d'alors sur la presse, et condamné à six mois de prison et à 10,000 fr. d'amende. Du coup, le journal, déjà agonisant, dut subir la loi commune; il disparut comme avaient disparu l'*Evénement*, la *Révolution*, le *Temps*, la *Liberté*, etc. Je fis ces six mois de prison dans le pavillon de la Conciergerie où avaient été Châteaubriand et Béranger, et tout simplement parce que je ne voulais signer aucun recours en grâce.

A ce moment presque tous les écrivains de la presse indépendante étaient sous les verrous. J'avais pour compagnons Proudhon, les deux fils Hugo, Nefftzer, Louis Jourdan, Paul Meurice, A. Vacquerie et quelques autres. Notre captivité était douce, du reste. Nous avions fait meubler convenablement nos chambres, nous pouvions recevoir tous les amis qui se présentaient, et, par ordre du ministre de l'intérieur, nous avions la faculté de sortir librement, sur parole, après un simple avis au directeur. On ne nous astreignait à aucune demande qui eût répugné à la dignité de quelques-uns. Il fallait presque pousser Proudhon dehors pour le forcer à se promener un jour ou deux par semaine. On nous remettait nos lettres intactes, bien entendu, avec tous les livres et journaux que nous désirions. Vivres et boissons entraient sans contrôle. Presque tous les jours Victor Hugo, après les séances de l'Assemblée, venait en compagnie de sa femme et de sa fille dîner avec ses fils. Nous recevions aussi la visite des plus charmantes femmes des théâtres de Paris, Mlles Alice, Ozy, Bertin, Favart, des Français, qui trouvaient très-pittoresque de passer une journée en prison, où la paille humide était convertie en de moelleux tapis. J'ai vu là avec les hommes les plus considérables de la démocratie, MM. Crémieux, Girardin, Desmarets, et notre grand poète Béranger. Le prince Napoléon est aussi venu voir les détenus de la presse; et M. Carlier, préfet de police, venait presque chaque semaine causer et s'informer si rien ne nous manquait. Un gardien, un peu impoli envers l'un de nous, fut renvoyé sur-le-champ, et c'est à une demande collective qu'il dut sa réintégration. Proudhon me témoignait beaucoup d'amitié, et comme nous avions le verbe un peu haut tous les deux, nos controverses, car je lui tenais tête, avaient pour les spectateurs tout à fait l'air d'être de bonnes querelles. « Quelle diable de tête vous avez, me disait-il souvent. — Et vous ? m'empressai-je de lui répondre. » J'ai de lui de précieuses lettres qui indiquent qu'il tenait à éclairer mon opinion sur ses théories.

Contrairement à ses co-détenus Proudhon était très-sobre, et le prétendu ennemi si terrible de la famille, passait souvent plusieurs heures à faire sauter son jeune enfant sur ses bras.

Nous approchions du coup d'Etat. Je fus libre quelques jours avant le 2 décembre.

Je toucherais à trop d'hommes, qui ont probablement oublié leurs actes et leurs paroles de cette époque, pour raconter ce que j'ai vu et entendu. Cependant, je puis dire que le 2 au soir je me suis trouvé dans un café du passage Choiseul, donnant sur la rue des Petits-Champs, avec M. de La Rochejaquelein, et ses paroles dans cette soirée d'angoisses ne pouvaient guère me faire supposer que je le verrais un jour sénateur de l'Empire.

J'en pourrais dire autant de M. de La Guéronnière qui, quelques jours avant le 2 décembre, considérait un coup d'Etat comme complétement impossible. Mais à quoi bon rappeler tous ces souvenirs. Il n'y aurait pas de raison pour ne pas remonter à 1848 et raconter, ce qui serait dangereux, l'histoire des palinodies grotesques qui se sont accomplies. Les révolutions ont cela de remarquable qu'elles montrent la nature humaine dans son beau et dans son laid, avec ce qu'elle a de noble et de vil, de bon et de méchant. Le bien et le mal, l'amour et la haine, la perfection et la difformité se produisent librement. Quand le peuple étale ses misères, les intrigants et les ambitieux étalent leur vénalité.

Le coup d'Etat de 1852 tua une partie des journaux indépendants, et un régime des plus rigoureux pour la presse réduisit au silence les écrivains qui ne voulurent pas se rallier. Je fus de ce nombre. Tout ce qui avait tenu une plume démocratique fut dispersé. Les uns furent exilés ou s'exilèrent, les autres entrèrent dans l'industrie. Je restai à Paris attendant les événements.

Vers la fin de 1853 je rencontrai Proudhon, qui me demanda ce que je faisais : « Rien, lui répondis-je, à moins que vous appeliez travailler, prendre des notes. » Ce mot le fit sourire, car Proudhon est le plus fameux collectionneur de notes que je connaisse. Il en prend toujours, partout et sur tout. Jamais il ne marche sans un crayon et un carnet à la main.

Après un moment de réflexion, il me dit : « Vous connaissez le Prince, vous devriez le voir, il vous trouverait quelque chose. »

Je ne vis pas le Prince, je lui écrivis et le lendemain il me fit mander. Après une conversation qui fut un rapide examen de la situation, il put se convaincre que je ne ferais pas de journalisme gouvernemental à Paris, et que je n'accepterais aucun emploi exigeant le serment. Alors, et comme les écrivains ont besoin de vivre de quelque chose, il m'offrit de me faire entrer dans les chemins de fer et me recommanda à cet effet à M. Clary, qui me conduisit chez M. Jayr, administrateur du chemin de fer de l'Est. Pendant qu'on me cherchait un emploi convenable, le Prince fut nommé président de la Commission impériale de l'Exposition universelle et me casa dans les bureaux où j'eus le titre d'inspecteur de la Commission impériale, pour le classement des produits.

Cela dura jusqu'en 1855, et la faveur dont m'honorait le Prince me fit bien des ennemis. Je fus dégoûté pour longtemps de la bureaucratie administrative. Je repris, du reste, la plume pour écrire l'*Histoire de l'Exposition*, et le Prince fut un de mes premiers souscripteurs.

J'avais à peine terminé cet ouvrage lorsque tout à coup, et tandis que chacun commençait à respirer, car on croyait voir clair dans l'avenir, de sourdes rumeurs circulent, des nuages grisâtres courent sur le fond bleu du ciel, des paroles sinistres s'échangent. D'un bout de la France à l'autre retentit ce cri funeste : *les Inondations!*

On apprend que des villes sont ravagées, des moissons détruites, des fortunes compromises. Le fléau atteint tout, renverse tout sur sa route. Le centre et le midi de la France ont à souffrir de cruelles épreuves. Le riche et le pauvre, le champ modeste et la grande exploitation, l'usine et la chaumière, le château et la ferme paient un redoutable tribut à l'élément déchaîné. Ce ne sont que cris et gémissements! L'effroi a séché les larmes, l'épouvante a glacé les cœurs, les biens périssent, les hommes meurent! Soudain, devant ce désastre immense, les plus braves s'émeuvent et s'apprêtent à faire face au danger.

La France, la France tout entière a frémi. De tous les cœurs sont sortis les mêmes désirs, les mêmes vœux, les mêmes ardeurs. Un écho sympathique a répondu aux cris de détresse de la population affligée par le plus terrible des fléaux. De tous côtés, chacun s'empresse ; de toutes parts, on vole au secours des malheureux si cruellement éprouvés. C'est un grand, c'est un beau spectacle. Le dévoûment brûle dans toutes les âmes et surexcite tous les esprits ; on s'ingénie à faire vite, à faire bien. Les actes généreux se succèdent sans relâche, les résolutions énergiques sont prises à l'instant, sans faiblesse, sans calculs. Comme pour ce qui vient de se passer à l'égard de nos ouvriers passementiers sans travail, chacun apporte son tribut, son offrande, son secours. C'est une levée en masse, un concours général. Depuis la tirelire de l'ouvrière jusqu'à la caisse du banquier, toutes les ressources viennent se mettre au service de l'infortune. C'est que donner vite, c'est donner deux fois.

N'est-ce pas un grand, un magnanime spectacle que celui d'une nation se levant dans sa force et dans sa puissance pour parer aux malheurs qui affligent une partie des siens ? N'est-ce pas là une grande leçon donnée au monde, une grande application de la loi familiale de la solidarité ?

Tout ce qui est grand et simple, tout ce qui est vrai possède une force si incontestable ; les grands sentiments trouvent un si facile accès dans tous les cœurs, qu'on ne peut s'étonner de cet élan général, de cette communion dans le malheur, de cet enthousiasme de la charité.

Ce n'est pas seulement la France qui a répondu à l'appel suprême de ses enfants menacés par le terrible fléau. Le monde entier s'est ému de cette grande affliction. Tous les pays ont tendu une main secourable à la grande nation si rudement éprouvée.

La triste nouvelle était à peine connue du public que la feuille officielle offrit aux regards cette étonnante nouvelle : « L'Empereur est parti pour les départements du Midi ! »

Alors on mesure à Paris la grandeur du péril à la grandeur de l'acte. A ce moment il n'y avait plus de partis. Tous les cœurs, tous les vœux suivent le Souverain dans son courageux pélerinage. La France, électrisée par ce grand dévoûment[1], par cette abnégation de son chef s'élance sur les traces de l'Empereur et veut prendre sa part de la gloire qu'il acquiert. Le peuple eût son mot : « Ce n'est pas Louis-Philippe, disait-il, qui se serait dérangé ! »

Et lui, Napoléon III, poursuit sa route, calme, résolu, résigné à toutes les douleurs ! Il relève les âmes abattues, il amène avec lui l'espérance et stimule le dévouement. Sa main répand l'or sans compter, il s'expose à tous les dangers, il veut tout voir et porter partout une parole de consolation, une promesse ou un secours. Sur son passage, il sème les bienfaits et recueille l'amour, la reconnaissance des populations inondées; il guide partout l'autorité et ranime les forces épuisées. Au moment précis, il sait donner l'exemple. Il juge d'un coup d'œil où le péril est le plus grand, où se doivent porter les forces réunies du peuple fasciné par sa présence.

Peu de jours après la catastrophe je vis Adolphe Dumas, que la mort vient de frapper. Il m'emmena dîner. Il arrivait du Midi, de Tarascon, je crois, rempli d'enthousiasme pour la conduite de l'Empereur, et me raconta des scènes qui agirent puissamment sur ma nature impressionnable.

Adolphe Dumas me parla du voyage de l'Empereur, de l'admiration étonnée des Provençaux pour un aussi grand caractère et un aussi grand cœur. Il me disait avoir été témoin oculaire de l'enthousiasme qui veillait sur les portes des maisons une partie de la nuit pour s'entretenir de cette apparition comme d'une légende. Selon lui, la reconnaissance des habitants d'Avignon, de Tarascon, d'Arles allait jusqu'à l'exaltation. Les démocrates les plus endurcis étaient attendris et ralliés.

On l'avait vu à Lyon, à cheval et dans l'eau jusqu'à la ceinture, donnant la main pleine d'affection et d'or à des femmes et à des enfants bloqués dans leurs maisons et qui lui tendaient la main ; à Avignon, il était monté dans une barque avec l'évêque et le maire seulement pour ne pas trop charger l'embarcation, il parcourait les rues les plus petites, les plus populeuses et les plus pauvres, en dirigeant lui-même les distributions et les sauvetages ; à Tarascon et dans la campagne submergée, il se trouvait au milieu d'un bivouac de paysans réfugiés au pied des Alpines, vidant ses poches et ses mains à côté de ces braves cultivateurs, riches fermiers la veille et le lendemain à l'état de bohémiens.

Et quand l'Empereur est arrivé devant la nappe d'eau qui s'étendait jusqu'à Arles, et devant cette belle vallée de Tarascon dont il ne voyait plus que la cîme, il n'a pas dit un seul mot, tant il était consterné. « Il a joint les deux mains, a dit une bonne femme, et il a fait : O mon Dieu ! »

Il était encore séparé de Tarascon par une lieue d'eau, de mûriers à fleur d'eau, de granges minées et qui apparaissaient à la surface comme autant d'écueils ; il a sauté (c'est le mot) dans un batelet comme un soldat de marine et ne voulait que le batelier. Six hommes des cent gardes étaient à terre et voulaient le suivre ; l'Empereur a levé la main et montré trois doigts ouverts; ce qui voulait dire qu'il n'y avait de place que pour trois. C'est ainsi qu'est parti l'Empereur au secours de Tarascon et d'Arles à travers les courants d'eau et une forêt d'arbres.

Le même batelet l'a ramené, et cette fois le batelier dût le charger sur ses épaules, comme il eut fait de son fils ou de son père, et l'a porté ainsi, passant dans l'eau et la terre détrempée, jusque sur le chemin de fer, aux cris de joie de toute une population qui admirait un dévoûment allant jusque là.

Avant de parler des épisodes analogues qui se reproduisirent à l'autre extrémité de la France, sur les bords de la Loire, disons quelques mots du passage de l'Empereur à Lyon.

VIII

Ce fut le 2 juin, à dix heures de la matinée, que Sa Majesté, partie de Dijon quelques heures avant, arriva à la gare de Lyon, où l'attendaient S. E. le maréchal comte de Castellane et M. le sénateur Vaïsse.

Sa Majesté Impériale, en uniforme de général, monta dans la voiture du maréchal, et, escortée de quelques cent-gardes, entra à l'hôtel de l'Europe. L'Empereur était accompagné de S. E. M. Rouher, ministre de l'agriculture, du commerce et des travaux publics, de M. de Franqueville, inspecteur général et directeur des ponts et chaussées, du général Niel et du général Fleury, ses aides de camp.

Quoique Sa Majesté fût dans un coupé fermé, elle fut saluée des plus chaudes acclamations. Les cris de *Vive l'Empereur!* retentissaient sur tous les points ; les drapeaux avaient été arborés à la hâte ; les ouvriers agitaient avec enthousiasme leurs casquettes, et les femmes leurs mouchoirs.

A peine arrivé à l'hôtel, sans prendre même le

temps de se reposer, l'Empereur donna l'ordre qu'on lui sellât un cheval; et, se tournant vers les personnes qui l'accompagnaient, il exprima le désir de se mettre en route, pour aller visiter le théâtre du sinistre. Les ingénieurs en chef, toutes les notabilités du corps du génie et de l'administration des ponts et chaussées avaient été requis en toute hâte pour escorter l'Empereur dans sa triste excursion. On voyait dans le cortége, indépendamment des personnes citées plus haut, M. Doyat, inspecteur général des ponts et chaussées, MM. Jordan, Bouvet, ingénieurs en chef, et Thiollière, ingénieur ordinaire; M. Champanhet, lieutenant général du génie, et M. de Billy, ingénieur en chef du contrôle du chemin de fer de Paris. Un peloton de dragons fermait la marche.

Sa Majesté traversa d'abord la place Bellecour, suivit la rue Impériale, la rue Puits-Gaillot, le cours Morand, le cours Vitton jusqu'aux Charpennes, revint par l'avenue de Saxe, visita toutes les rues voisines, telles que les rues Monsieur, Madame, etc., prit le cours Bourbon, le cours de Brosses, et rentra par le pont de la Guillotière et la rue de la Barre.

L'Empereur, qui avait recueilli par avance toutes ses informations, indiqua lui-même cet itinéraire. En traversant ainsi les quartiers qui avaient le plus souffert de l'inondation, il avait voulu s'assurer par lui-même de la gravité des désastres. L'intention de soulager de ses propres mains et de consoler, par son intervention personnelle, les malheureux inondés, entrait aussi pour beaucoup dans le choix de cette route, qui offrait toutefois certains dangers. Les rues qu'il parcourait ainsi à cheval étaient pour la plupart submergées. Sa Majesté, sans se préoccuper de l'eau qui lui montait à mi-jambe, faisait toujours avancer son cheval. On devinait à la pâleur de ses traits quelles tristes émotions éveillait dans son cœur le navrant spectacle qui s'offrait à ses regards aussi loin qu'ils pouvaient s'étendre. Jusqu'à ce moment, l'Empereur, quoique exactement informé, n'imaginait pas sans doute tout ce que cette calamité avait d'horrible.

Aussi, tout entier aux impressions poignantes que faisait naître en lui la vue de si épouvantables malheurs, n'essayait-il pas de cacher les larmes que lui arrachait ce douloureux spectacle. En présence de tant de maux, il ne songeait pas aux difficultés, aux périls même de la traversée dans laquelle il s'engageait de plus en plus.

A coup sûr, de toutes les scènes grandioses et émouvantes qui s'étaient succédé durant quarante-huit heures sous les yeux de la population lyonnaise, aucune ne pouvait lutter avec celle du passage de l'Empereur. Jamais l'émoi n'avait été si solennel et si général. Il faudrait le pinceau d'un grand peintre pour retracer ce tableau : l'inondation des rues, la consternation des populations ouvrières, et l'Empereur intervenant comme le gage de la réconciliation divine et humaine, prodiguant l'or et les consolations aux malheureux qui se pressaient comme un nouveau torrent, l'entouraient de remercîments et de témoignages d'affection, et, levant vers lui leurs mille bras souillés de boue, criaient avec un sourire après tant de larmes : *Vive l'Empereur ! vive l'Empereur !* Ah ! cette fois, on ne viendra pas compter les enthousiasmes. Il y avait unanimité dans toutes les bouches ; le même sentiment faisait palpiter tous les cœurs ; c'était la reconnaissance de l'infortune pour l'héroïsme, une sorte de communion morale et matérielle entre l'Empereur et les Lyonnais. A chaque pas, de pauvres gens ruinés par le fléau, ayant de l'eau jusqu'à la ceinture, arrêtaient le cheval de Sa Majesté. « Laissez faire, disait l'Empereur à ses aides de camp, laissez-les venir à moi ; puissent-ils s'en retourner contents ! » Et, dans un sac suspendu à la selle du général Niel, il puisait l'or à pleines mains et le distribuait avec de douces paroles à tous ceux qui l'entouraient. Près du pont du Concert, sur la rive gauche, une femme s'approcha de lui en criant *Vive l'Empereur !* L'escorte voulait l'écarter ; mais Sa Majesté donna aussitôt l'ordre de la laisser avancer ; et, lui remettant quelques pièces d'or : « Tenez, lui dit-il, ma pauvre femme, voilà pour acheter du pain. »

A chaque pas du cortége impérial sur cette scène de désolation, la foule et les acclamations redoublaient ; les drapeaux pavoisaient instantanément les dernières, les plus misérables maisons restées debout au milieu des décombres ; et les efforts de l'escorte avaient peine à frayer un passage au cheval de Sa Majesté à travers les groupes serrés où toutes les classes de la population, confondues pour la première fois dans une cordiale unanimité, témoignaient chaleureusement de leur gratitude pour la généreuse démarche de l'Empereur.

Sur la place du pont de la Guillotière, très-brillamment pavoisée, cette ovation populaire devint un véritable triomphe. Pendant un moment, Napoléon, entouré par la foule des inondés campés là depuis trois jours, n'a plus eu d'autre garde que des femmes, des enfants, de pauvres pères de famille touchés jusqu'au fond du cœur de ses bienfaits et de la manière de les accorder.

Et Sa Majesté était bien gardée ! Les officiers et

les soldats, obéissant à la consigne, voulaient éloigner ces malheureux :

« C'est à vous, messieurs, a dit Sa Majesté avec douceur, c'est à vous de vous éloigner en ce moment ; je suis ici au milieu de ma famille ; » et les larmes venaient à ses yeux comme à ceux de tous les assistants. Le peuple, d'ailleurs, lui rendait bien cette justice, qu'il avait été inspiré par cette louable sollicitude dont il avait donné tant de preuves : « Cette fois, disait avec émotion un ouvrier à ceux qui l'entouraient, ce n'est pas pour les habits fins qu'il est venu, c'est bien pour les vestes. » Et l'ouvrier avait raison. C'était un homme de cœur qui sentait à quelle inspiration l'Empereur avait obéi.

Un homme, que l'on avait remarqué pour son courage et son dévoûment pendant tout le temps de l'inondation, disait, en parlant de l'Empereur : « Il vient de remporter une deuxième victoire, plus grande que celle qui a clos la guerre de Crimée, car il a gagné en entier la ville de Lyon, qui vaut mieux que Sébastopol. » Voici encore un mot émané d'un républicain qui s'était fait à Lyon une notoriété publique : « Quel malheur d'être lié par des antécédents ! voilà un homme que j'aimerais ! »

Ce fut aussi avec des transports indescriptibles

d'enthousiasme et de reconnaissance que l'Empereur fut reçu à Tours par la population, sur laquelle la nouvelle de sa prochaine arrivée avait produit la plus vive et la plus profonde impression.

En entrant dans la ville, le 8 juin, l'Empereur demanda à être conduit de suite sur les points où s'étaient produits les plus graves désastres; et, accompagné de M. le préfet, de M. de Coulaine, ingénieur en chef du département, et des personnes de sa suite, il se dirigea par le quai jusqu'au canal. Là, il se fit expliquer toutes les circonstances qui pouvaient lui permettre d'apprécier le véritable état de choses; puis, montant dans une barque, il se rendit aux divers endroits qui avaient été le plus particulièrement atteints et descendit à l'extrémité de la rue Royale, où il remonta en voiture pour se rendre, par la rue de l'Archevêché, à la préfecture.

Sa Majesté reçut diverses personnes qui lui furent présentées et avec lesquelles elle s'entretint des événements des derniers jours et des mesures à prendre pour en empêcher le retour. A diverses reprises, l'Empereur manifesta la ferme intention de ne rien négliger pour mettre à jamais la ville à l'abri des calamités qui venaient de la frapper si cruellement, et il donna l'ordre aux ingénieurs de lui présenter, dans le plus bref délai, l'exposé de leurs vues et un projet.

Après son déjeûner, Sa Majesté se fit présenter les personnes qui lui étaient signalées comme s'étant le plus particulièrement distinguées et conféra la croix de la Légion-d'Honneur à MM. Podevin, procureur impérial, Marchand, ingénieur, et Laurenceau.

L'Empereur quitta ensuite la préfecture et reprit le chemin de Paris, en se dirigeant par la rue Royale et le pont, exprimant le regret que l'absence de toute communication directe et de tout service organisé ne lui permît pas de visiter les autres contrées du bas de la Loire auxquelles, du reste, il envoya par M. de Puységur, des preuves de sa haute munificence.

A son départ comme à son arrivée, le chef de l'Etat fut salué par les acclamations réitérées de la foule qui se pressait sur son passage.

J'ai parlé longuement de ce voyage parce que j'en ai été l'historiographe et parce qu'il a exercé une grande influence sur ma vie politique.

IX

L'Empereur avait, par sa fermeté, sa politique vigoureuse, forcé l'Europe à reconnaître l'influence française ; il avait porté notre puissance au degré élevé où l'avait placée son oncle.

Comme lui il avait su en quelques jours effacer un triste passé et dix-huit années de faiblesse : les déchirements intérieurs, les troubles civils s'étaient évanouis devant les actes de son administration. En conquérant pour le pays la place légitime qui lui était due dans le conseil des nations, il n'avait pas négligé le but plus pratique et si important des relations commerciales. Nos échanges s'étaient accrus, notre commerce relevé, et le chiffre des transactions, comme leur importance, avait pris des proportions considérables. L'industrie, vigoureusement appuyée, prenait une large part dans cette amélioration générale des grands intérêts du pays. Jamais, à aucune époque, elle n'avait été plus prospère, et son action vivifiante s'était étendue sur toutes les branches de la production.

L'Empereur, en sachant se concilier les sympathies de l'Europe, préparait au pays une ère nouvelle de grandeur et de puissance.

Les Etats non alliés avaient enfin reconnu et la supériorité de ses conseils et la sagesse de sa politique.

La marche vigoureuse imprimée aux opérations stratégiques; l'impulsion puissante qu'il avait su donner aux chefs de l'armée; sa rare intelligence des choses de la guerre; son coup d'œil sûr; la promptitude de ses décisions, tout cela avait créé naturellement à notre profit une incontestable supériorité, dont l'Europe acceptait enfin l'ascendant.

Le peuple qui nous avait été le plus opposé était lié avec nous par une de ces unions puissantes qu'une même gloire avait cimentée, que l'accord des deux souverains rendait si éclatante.

Seuls, les vieux partis tentaient encore de vains efforts pour rassembler leurs tronçons épars. Efforts inutiles, comme ceux d'aujourd'hui; toutefois, ces incitations sourdes, ces ténébreuses menées jetaient dans la foule un malaise qui n'allait pas jusqu'au doute, mais qui pouvait empêcher les affections nouvelles, les dévoûments récents d'être mieux affermis dans leur foi.

Eh bien, cette pierre d'achoppement, cet atome

ténu, qui pouvait peut-être servir d'appui aux mauvaises passions, fut anéanti !

L'Empereur, et il semble que la Providence ait dirigé ses pas, a été au-devant de ceux-là mêmes qui avaient le plus ouvertement méconnu son autorité, le principe d'ordre qu'il représente, en même temps que la volonté si hautement manifestée par l'immense majorité de la nation ; il s'est présenté dans ce grand appareil si rarement revêtu par le souverain ; il est venu non point comme le chef d'un grand Etat, mais comme le père de la nation.

Aussi, on peut le dire, l'Empereur a fait à nos yeux, en 1856, une conquête mille fois plus précieuse que celles qui résultent du choc des armées. Il a conquis des cœurs que de perfides conseils, que des convictions fâcheuses, tenaient éloignés de lui.

Dans le grand désastre qui venait d'éprouver si cruellement la France, il existe comme une marque tracée par la volonté divine, comme un jalon placé par la Providence, qui semble convier tous les enfants du sol à une communion générale et sincère.

Au lieu de s'adresser à l'action décisive, mais lente de la raison, au lieu d'appeler à son aide les résultats, éclatants déjà, de son œuvre nouvelle, au lieu de faire plaider pour lui les fruits déjà mûris de ses grands labeurs, Napoléon III a mieux fait :

Il s'est adressé aux sentiments généreux de la nation ; il a fait vibrer les cordes du dévoûment et du courage ; il a compris qu'aux cœurs simples il fallait de grands actes ; qu'aux natures vives les grands mouvements étaient sympathiques ; qu'aux âmes ardentes il fallait montrer de bouillantes ardeurs.

Si le cœur de l'Empereur ne s'était pas profondément ému à la vue de tant de souffrances, si son âme n'avait pas souffert au récit de tant de douleurs, si enfin un sentiment puissant ne l'avait pas entraîné vers les malheureux si fatalement éprouvés, on aurait pu songer à féliciter l'administrateur habile. Mais qui donc, dans cette extrémité funeste, quand toute une population voyait ses foyers éteints, la misère et la ruine accourir à grands pas, la mort la plus affreuse la menacer, qui donc aurait osé faire planer sur cet intéressant tableau l'image criminelle du calcul ? Personne assurément. L'Empereur, il faut bien l'admettre, a obéi aux secrets instincts de son cœur. Quand bien même son nom ne l'eut pas appelé au danger, quand bien même son rang élevé ne lui eut pas fait un devoir du dévoûment et de l'abnégation, il eut agi comme il l'a fait, car il a suffisamment prouvé que tout ce qui touche la France l'atteint profondément.

C'est parce que j'étais convaincu de cela avec tout le monde que j'ai voulu être l'historiographe du grand malheur qui venait de frapper la France et de l'acte mémorable qui en avait été la suite. Avec cette promptitude d'exécution qu'on veut bien me reconnaître, je me mis à la besogne, et quinze jours après paraissait un volume sous ce titre : *Inondations de 1856, Voyage de l'Empereur.*

Cet ouvrage m'attira naturellement des éloges et des reproches : des éloges de la part de ceux qui paraissaient heureux de me voir opérer ce qu'ils appelaient une sage conversion, des reproches au contraire du parti démocratique qui qualifiait mon livre de trahison. Je ne méritais assurément ni les uns ni les autres. J'avais obéi à un mouvement spontané, à une impulsion de ma conscience, à un enthousiasme irréfléchi si l'on veut, mais vrai, rien de plus. Au dire de mes éditeurs, MM. Garnier frères, l'ouvrage fut donné en prix dans plusieurs pensionnats.

Entre autres lettres que je reçus à ce sujet, je cite les suivantes :

« Palais des Tuileries, le 3 octobre 1856.

» Monsieur,

» L'Empereur a reçu l'ouvrage que vous lui avez envoyé. Sa Majesté a daigné accueillir cet hommage. Elle a donné l'ordre de vous en remercier, etc.

» Recevez, etc.

» Albert de DALMAS. »

« Palais des Tuileries, le 17 août 1856.

» Monsieur,

» M. le secrétaire des commandements m'a
» transmis votre livre sur le voyage de l'Empe-
» reur dans les départements inondés.

» Je me suis empressé de le placer sous les yeux
» de l'Impératrice et j'ai l'honneur de vous re-
» mercier au nom de Sa Majesté, etc.

» Veuillez agréer, etc.

» PH. DE ST-ALBIN. »

Le prince Napoléon, la princesse Mathilde, M. Billault, ministre de l'intérieur, etc., me firent aussi l'honneur de me féliciter et de me remercier.

Au nombre de ceux qui me plaisantèrent, je citerai M. Paulin Limayrac, que je connais depuis une quinzaine d'années. C'est même lui qui me présenta à M. de Girardin, comme MM. A. Maquet et Achille Comte m'avaient présenté, en 1846, à M. de Salvandy, ministre de l'instruction publique, qui avait fait l'honneur au jeune homme de lettres de l'inviter à ses soirées officielles et intimes.

M. Paulin Limayrac me rencontrant me demanda si c'était bien moi qui avais écrit le *Voyage de l'Empereur*. Sur ma réponse affirmative, M. Paulin Limayrac poussa une exclamation ironique et s'enfuit.

M. Limayrac entrait quelques mois plus tard au *Constitutionnel*. Il est aujourd'hui officier de la Légion-d'Honneur et l'un des favoris du Gouvernement.

X

En même temps que j'écrivais l'*Histoire de l'Exposition Universelle* et le *Voyage de l'Empereur*, je publiais un journal littéraire pour occuper notamment deux de mes collaborateurs ou secrétaires, M. Ernest Davet, ancien rédacteur du *Mémorial de la Gironde* et M. Robert Hyenne actuellement à la *Presse théâtrale*. Dans ce journal, une polémique s'était engagée sur Proudhon. J'y publiai plusieurs lettres de cet économiste et il s'ensuivit un procès pour avoir traité de matières d'économie sociale sans cautionnement. Comme propriétaire-gérant je fus condamné à 50 fr. d'amende et à un mois de prison, c'est le minimum de la peine. De plus, en vertu de la loi, le journal fut supprimé. Après cette affaire on me fit appeler au ministère de l'Intérieur et quelques jours après remise me fut faite de la peine prononcée.

Voilà les faits dont les ultramontains se figuraient que je voulais faire un mystère et avec lesquels on espérait m'écraser en les exploitant contre moi de la façon la plus malveillante et la plus inexacte qui se puisse imaginer. Si c'est sur l'opinion publique qu'on a voulu agir, on a compté sans moi et on a fait un bien faux calcul, car on m'a fait la partie si belle que mes adversaires de la veille sont devenus mes plus zélés défenseurs, mes plus ardents amis. Jamais, à aucune époque, on ne vit une telle réaction de l'opinion publique en faveur d'un écrivain injustement attaqué, jamais on ne vit la loyauté chevaleresque du caractère français se prononcer avec une plus persistante énergie. Je suis encore ému des scènes touchantes qui se passèrent chez moi et des manifestations sympathiques dont je ne cesse d'être l'objet.

En somme, le public raisonne plus et mieux qu'on ne pense. Il sait bien que si j'avais été coupable d'un acte d'indélicatesse quelconque, le Gouvernement ne m'aurait pas autorisé deux fois à prendre la rédaction en chef de deux grands journaux politiques et à en fonder un nouveau; il ne m'aurait pas, de plus, accordé un brevet d'imprimeur.

Objectera-t-on que le Gouvernement ne connaissait pas les histoires propagées par nos ennemis, mais en les amplifiant, en les aggravant, en les dénaturant? Sur ce point, puisqu'on m'y oblige, je vais répondre.

En 1856, M. Petit, chef de division au ministère de l'Intérieur, me fit appeler. Il était déjà question pour moi d'une rédaction en province. Il me montra un rapport du préfet de police exposant mes antécédents, mes actes en Belgique, mes procès de presse, tout enfin, mais à la manière dont sont faits les rapports de police où l'erreur coudoie la vérité. Je répondis à M. Petit à peu près ce que j'ai exposé dans ces *Confessions.* Il prit le rapport, et en présence de M. Dronsart, chef de bureau, actuellement secrétaire général de la préfecture du Bas-Rhin, il le déchira et le jeta au feu. Je fus même voir à ce sujet M. Pietri, préfet de police, et M. Domergue, son chef de cabinet, qui reconnurent dans mon dossier des mensonges et des exagérations. Comme écrivain républicain en Belgique et à Paris, j'avais été l'objet de dénonciations odieuses tant sous Louis-Philippe que sous la Présidence, de 1848 à 1851.

Chez le prince Napoléon, je fus aussi appelé à donner des explications, et M. Thuillier, préfet de la Loire, m'apprit lui-même un jour les accusations qui avaient été portées contre moi.

On le voit, le Gouvernement était parfaitement renseigné, et c'est au ministère de l'Intérieur même qu'on a brûlé les espèces de rapports dans le genre de ceux que plus tard je ne pouvais m'attendre à voir se reproduire à propos d'un délit de presse.

Je suis heureux, du reste, aujourd'hui d'avoir eu l'occasion d'en finir publiquement, car n'ayant rien à cacher, si je me suis tû, c'est que des conseils bienveillants m'avaient engagé à me taire. On ne tenait pas sans doute à ce que je vinsse exposer que je suis bien l'ancien écrivain démocrate, l'ancien rédacteur de la *Réforme*, de la *Liberté*, du *Temps*, de la *Révolution*, du *Vote Universel*, l'ancien auteur de l'*Histoire de la Révolution de 1848*, etc. On me l'a fait dire, je l'ai dit. Après ? A qui pense-t-on avoir nui et quelle cause croit-on avoir servi ? On ne suppose généralement pas que ce soit celle du Gouvernement, et le Gouvernement ne peut manquer d'être de cet avis.

XI

Fatigué de ma vie de travail et de luttes à Paris, je me retirai pour quelque temps à la campagne. Vers le commencement de 1857, un vieil ami, M. Gullaud, rédacteur de la *Patrie*, connaissant M. Lobet, alors rédacteur du *Mémorial de la Loire*, me parla de ce journal et me fit entendre que si je voulais y entrer on serait heureux de m'y recevoir. J'avais une extrême répugnance pour la province et je ne pouvais me faire à l'idée de quitter Paris. « Vous avez tort, me disait Gullaud, avec votre activité et votre talent vous pourriez vous faire une position superbe dans un grand journal de province. Puisque vous ne voulez pas accepter les belles propositions qu'on vous fait dans les journaux de Paris, commencez à n'importe quel prix dans une feuille départementale et aussitôt que vous aurez pu vous y faire apprécier, les offres avantageuses ne vous manqueront pas. » Je ne me laissai pas convaincre. Cependant il me semblait difficile de rentrer d'une manière convenable dans la presse parisienne et je ne voulais pas de ces positions mixtes qui consistent à envoyer des articles un peu partout sans être jamais assuré qu'ils pourront passer à l'heure. Ma position antérieure s'opposait d'ailleurs à ce que je suivisse cette voie. Je voulais rentrer par la grande porte démocratique ou m'abstenir. Je pouvais faire du feuilleton, mais ce genre de littérature légère ne convient pas à ma nature de polémiste.

Je repartis donc pour la campagne sans avoir rien résolu. A mon retour on me reparla de la presse de province. J'entrai même en pourparlers avec le *Moniteur de la Côte-d'Or*; mais quelques amis m'engagèrent à opter pour le *Mémorial de la Loire* et je vins à Saint-Etienne en août 1857, parce qu'on m'assura que ma présence ici serait utile à la cause que je voulais servir.

Le *Mémorial* passait pour être un journal gouvernemental, bien qu'en réalité il ne soit que le journal des annonces judiciaires. A ce titre, il relevait plus ou moins du préfet, et ma présence à la tête d'un tel organe demande quelques explications. Je serai franc et précis dans cette circonstance comme je me le suis montré depuis le début de ce récit.

On se rappelle que dans la séance du Sénat du 21 février dernier, M. Pietri, tout en rendant justice aux écrivains qui ont vu dans l'Empereur le chef armé de la démocratie, les a désignés sous le nom d'*hommes nouveaux*. Je suis un de ces hommes.

Je faisais partie, en 1848, comme on l'a vu, de cette phalange d'écrivains trop jeunes encore pour avoir pris aux affaires publiques une de ces participations qui engagent toute une existence. Ces écrivains, qui se trouvèrent violemment initiés par le suffrage universel et par les agitations de l'Assemblée nationale, de la presse et des clubs à la vie politique, apportèrent, comme je l'ai fait, aux idées nouvelles et à la république naissante, le concours de leur bonne volonté, des instincts nobles et généreux qui sont un des priviléges de la jeunesse, un amour patient et excessif peut-être du progrès de la liberté, mais en même temps, la loyauté, le désintéressement, l'oubli de soi-même.

Tandis que les repus de la veille et les vieux partis se ruaient au dépècement de la proie nationale, tandis que les fonctions étaient prises d'assaut par les ambitieux, nous partagions stoïquement, avec le peuple, la misère du temps, nous estimant assez payés de nos souffrances si nous pouvions un jour voir le drapeau français relevé au dehors, la liberté assise au dedans sur des bases positives, c'est-à-dire inséparablement unie au développement du progrès économique.

Pour qu'il n'y ait pas d'hommes nouveaux, d'hommes du lendemain, il faudrait qu'un Gouvernement entrât une fois pour toutes, sincèrement et sérieusement dans la voie du progrès et de la liberté, qu'il mît fin à la série des catastrophes historiques et fît si bien qu'il n'y eût plus de lendemain de révolution.

. . . .

On a vu que depuis 1840 j'ai toujours servi dans la presse et, je le dis sans amertume, c'est un corps où, si l'on rencontre quelque satisfaction, les coups ne manquent pas, quel que soit le régime. On y vieillit sans espoir de fortune, et à l'opposé de ce qui sepasse dans l'administration, dans la magistrature ou dans le métier des armes, celui qui a le mieux combattu rapporte souvent au foyer le moins d'honneurs et de richesses.

Nous avons dit ce qui se passa après les événements de décembre 1851. Les écrivains qui appartenaient aux idées démocratiques se divisèrent en deux catégories. Les uns prirent la route de l'exil ou se vouèrent à une opposition quand même ; les autres plus attachés au sol de la patrie et à ses destinées, plus confiants dans l'immuable loi du progrès et instruits par l'histoire de cette vérité : que les vainqueurs de révolutions réalisent toujours une partie du programme des vaincus : ceux-là, et je suis de ce nombre, pensèrent qu'il y avait mieux à faire que d'attacher leur jeunesse, de vouer leur talent à regretter une république qu'on avait rendue impossible.

Puisque le peuple s'était prononcé en 1851 et en 1852 contre la République, pourquoi réagir contre la volonté du peuple? Cependant il restait encore au cœur des hommes d'honneur la pudeur du passé, le respect des illusions détruites. Ils attendirent en silence que les événements se fussent dessinés. Ils suivirent d'un regard attentif la marche du Gouvernement nouveau. Ils étudièrent dans ses actes et dans l'histoire les signes qui pouvaient, par leur concordance et leur ensemble, constater l'évidence de sa légitimité, et quand leur conscience fut apaisée sur ce point capital, quand ils eurent reconnu que le second Empire était dans la voie du progrès, dans celle du développement de notre gloire nationale, en un mot qu'il avait une mission et qu'il répondait aux besoins de son temps, alors il devint indispensable de prendre une décision. Le voyage de l'Empereur à travers les inondations provoqua la mienne. J'avais donc mis, de 1848 à juin 1856, huit ans à me décider à prendre ce parti.

Je ne voulais pas pour cela me lancer dans les

organes officieux des préfets. De quelle utilité, d'ailleurs, peuvent être au pouvoir, au progrès, à la liberté, ces organes? Défendre le Gouvernement quand même et toujours, c'est vouloir perdre promptement tout crédit devant l'opinion publique et discréditer le Gouvernement lui-même. Ce qu'il faut aux pouvoirs forts, ce sont des amis impartiaux, non pas des serviteurs aveugles. Ce qu'il y a de plus désirable pour un gouvernement, c'est de rencontrer dans le pays des forces indépendantes qui lui permettent de se passer d'immixtion administrative et de laisser le pays se mouvoir lui-même sous l'empire des lois.

Je compris donc comme beaucoup d'autres, comme M. Hippolyte Castille, par exemple, qu'il y avait un rôle plus élevé, plus efficace que celui de devenir un instrument passif du pouvoir. Ce rôle, mon instinct me l'inspira de suite, je m'en ouvris à qui de droit et on l'approuva.

Il n'y avait qu'à se borner à rester sous l'Empire ce que j'avais été sous Louis-Philippe et sous la République, ne rien abandonner des traditions de progrès et de liberté, et rendre par ce fait, au pays, sans rien abdiquer au point de vue de la dignité, des services méritoires.

Pour s'en convaincre, qu'on se rappelle comment la question politique était posée entre l'Empire, le suffrage universel, les améliorations économiques, la nécessité de briser les traités de 1815, d'une part ; et d'autre part, Rome, Naples, Vienne, le vieux système électoral, les vieux partis. Pour neutraliser les efforts de ces deux coalitions, pour laisser au Gouvernement impérial la disposition de cette force d'impulsion qui le caractérise, il n'y avait qu'à opposer les idées modernes aux idées de la réaction. Il suffisait de combattre l'adversaire commun, la réaction royaliste et cléricale, avec les armes dès longtemps faites à ma main, et dont je connais la portée.

C'était contribuer à rétablir un équilibre sans lequel le Gouvernement actuel eût peut-être succombé à sa tâche. Ce système lui permettait de balancer les opinions les unes par les autres, et en agissant ainsi, je devenais, sinon un bonapartiste, du moins un homme du pays.

En résumé le triomphe de cette politique, à la fois conservatrice et libérale, résulte d'une façon éclatante des mémorables débats du Sénat. Plus que jamais, j'ai la certitude de n'avoir pas fait fausse route, car à quel diapason le Gouvernement impérial se trouverait-il aujourd'hui s'il ne s'était pas trouvé, s'il ne se trouvait encore certains hommes pour attirer sur leur tête, comme le paratonnerre attire l'électricité, la foudre des partis monarchiques et cléricaux ?

En butte aux attaques de ces factions, le Gouvernement débordé se verrait forcé de recourir aux moyens extrêmes, lorsqu'il lui suffit au contraire, pour maintenir l'équilibre, d'élargir le cercle de la liberté de la presse, de répondre par la mansuétude aux attaques auxquelles il est en butte, d'opposer à l'intolérance des dénonciateurs affamés de répression la liberté de discussion ; à l'intolérance cléricale qui voudrait faire du dogme un instrument politique, la libre philosophie.

La discussion de l'Adresse au Sénat et ce qui se passe au dehors est l'indice d'un grand mouvement d'opinion qui vient de s'accomplir dans les plus hautes régions de l'État. La situation mûrit. Je ne dis pas que l'Empire incline vers la révolution, mais il est évident qu'il tient en ce moment la balance d'une main égale et ferme entre la révolution et la réaction, et je suis un de ceux qui ont la conscience de n'être pas étrangers aux avantages qui peuvent résulter pour l'État de cette impartialité sans exemple dans le passé.

C'est sous l'empire de ces idées que je passai de la presse parisienne dans la presse départementale.

Je trouvai ici avec le *Mémorial de la Loire* le *Courrier de la Loire*, journal un peu voltairien que rédigeait M. Chauvet-Charollais, actuellement rédacteur de la *Presse*.

Le *Mémorial*, par ses antécédents, par ses relations, par ses aspirations, était ce qu'on appelle un journal catholique. Il le disait lui-même, et les opinions de ses anciens rédacteurs, parmi lesquels on compte M. Béliard, M. E. Jouve du *Courrier de Lyon*, M. Ch. Garnier, aujourd'hui à la *Gazette de France*, disent assez quelles étaient les siennes. Il avait bien été un peu républicain à la façon de M. Ségur-d'Aguesseau, mais il avait vite quitté son titre d'*Avenir républicain* à l'avénement du nouvel ordre de choses. En réalité, le *Mémorial* plaçait ses intérêts au-dessus de ses opinions parce qu'il ne pouvait vivre sans les annonces judiciaires, et pour les conserver il a un peu fait tout ce qu'on a voulu. Cependant l'administration préfectorale n'avait qu'une foi médiocre dans la sincérité du dévoûment du *Mémorial*. Elle craignait toujours qu'il ne lui échappât dans un moment critique. C'est sous cette influence qu'elle aida à la fondation du *Courrier* auquel elle donna de suite la moitié des annonces judiciaires.

Mais l'ancien *Courrier* n'avait ni dans sa rédaction ni dans son administration des éléments de succès.

Pour réussir, il lui aurait fallu d'abord le nerf de toute entreprise, de l'argent, et il n'en trouvait pas parce qu'il n'avait pas su forcer la confiance par une certaine supériorité sur son concurrent. Inférieur comme format, il lui était aussi inférieur sous le rapport des dépêches, des nouvelles, des correspondances et de l'ensemble de sa composition. .

Cependant la préfecture le protégeait et j'en eus bientôt la preuve.

M. d'Albigny, alors employé à la préfecture, publiait au *Courrier* des articles sur l'exposition de la *Société des Amis des Beaux-Arts*. Je trouvai dans un de ces articles une attaque indirecte contre le *Mémorial*, et cela à la suite de quelques escarmouches inévitables entre les deux feuilles rivales. Je ripostai d'une façon un peu verte et M. Thuillier, alors préfet, nous fit appeler. La discussion fut vive, mais je maintins les droits de l'écrivain avec une énergie qui produisit une assez désagréable impression sur M. Thuillier et sur son secrétaire général, M. Tourangin, actuellement préfet. J'assurai M. Thuillier qu'avec le temps il reviendrait à de meilleurs sentiments et le quittai sans vouloir prendre aucun engagement. Tels furent ici mes débuts avec l'autorité. Le soir même je voulais regagner Paris, car n'ayant jamais fait du journalisme comme on en veut enprovince, je savais d'avance dans quel inextricable dédale de difficultés j'allais m'engager au dépens de mon repos.

M. Théolier me rassura et, en effet, un mois après cet incident, j'étais dans les meilleurs termes avec M. Thuillier qui avait compris, qu'à part cette vivacité de caractère, je pouvais rendre ici d'utiles services.

D'ailleurs, à la fin de 1857, la cause de ce premier dissentiment disparut. A bout de ressources, le *Courrier de la Loire* mourut, avec une centaine d'abonnés seulement, et le *Mémorial* fit les frais de l'enterrement. Il donna trois ou quatre mille francs que se partagèrent le rédacteur et l'imprimeur auquel il dut céder aussi, à titre d'indemnité, les impressions de la préfecture.

Le *Mémorial*, à ces conditions, resta maître du terrain et eût toutes les annonces de l'arrondissement.

Dès mon arrivée, je m'étais voué avec ardeur au travail. Bien que j'eusse pour collaborateur M. Lobet, je faisais le journal à peu près seul. Au commencement de 1858 M. Lobet partit, et à dater de ce moment j'introduisis des changements dans les correspondances et des améliorations dans la rédaction.

Avant mon arrivée on avait l'habitude de faire le Bulletin politique la veille et de ne mettre chaque jour, après l'arrivée du courrier de Paris, que quelques faits saillants, sous le titre de Dernières nouvelles.

Quand je parlai de faire le Bulletin le jour même, sur les dépêches et sur les correspondances qui arrivaient le matin, M. Théolier considéra la chose comme tout à fait impossible. Huit jours après, cependant, le journal était enlevé comme je le lui avais annoncé, et cette promptitude dans l'exécution opéra dans le journal une transformation qui fut vite remarquée.

J'eus à lutter contre la routine, contre l'apathie des ouvriers et contre les préjugés enracinés du journal, mais le succès me donna raison et me fit triompher des entraves que j'avais d'abord rencontrées.

On sait ce que fut le *Mémorial* sous ma direction. Je lui donnai une vive impulsion dans la voie du progrès, une allure plus hardie, des tendances plus libérales. Il était plus religieux que politique, je le fis plus politique que religieux. La transition ne fut pas brusque. Je compris qu'il fallait procéder progressivement et ne pas effaroucher les amis qui y avaient conquis droit de cité. J'en élaguai insensiblement toutes les correspondances cléricales qui n'avaient pas un intérêt sérieux pour le public, ne me souciant pas de me faire l'éditeur de réclames qui souvent allaient contre le but qu'on voulait atteindre. Mais les colonnes du journal furent toujours ouvertes à tout ce qui pouvait favoriser de bonnes œuvres.

Quant à l'administration je restai vis-à-vis d'elle dans une position complétement indépendante, approuvant ce qui me semblait bien, blâmant ce qui me paraissait mal. C'est ainsi que je fus amené à critiquer certains travaux des agents de la municipalité. Un jour une plaisanterie sur des piscines de la place Marengo me fit un ennemi de M. Gérard, agent-voyer, un autre jour une remarque sur le dôme des Invalides me brouilla avec M. Boisson, l'architecte. C'est ainsi, que peu à peu, on voit se grossir autour de soi un groupe d'adversaires. Pour répondre aux exigences de l'opinion publique on fait forcément des mécontents.

Ainsi, il y avait une lutte entre deux sociétés musicales, le *Cercle musical* et la *Chorale forézienne*. Les membres des deux sociétés m'apportaient des articles les uns contre les autres. Il me sembla que la cause du *Cercle musical* était la meilleure et pour l'avoir défendu je me fis des ennemis de la *Chorale forézienne*. J'aurais soutenu la *Chorale* que le même effet se serait produit en sens inverse.

Je pourrais multiplier les exemples à l'égard de l'administration des chemins de fer, des compagnies des mines, des ponts et chaussées et de toutes les administrations ou entreprises dont le public peut avoir à se plaindre. Si vous ouvrez les colonnes de votre journal à des éloges ou à des critiques, tenez pour certain qu'il va vous surgir des ennemis ; si vous vous abstenez, vous n'y échapperez pas davantage, on dira que vous êtes payé pour vous taire.

Pour le théâtre il en est de même. Là les passions s'agitent plus qu'ailleurs. Soyez pour ou contre la direction, pour ou contre tels ou tels artistes, vous aurez toujours un parti qui vous donnera tort.

Qu'on juge des inimitiés qui peuvent ainsi s'accumuler en quelques années contre un journaliste animé des meilleures intentions. C'est effrayant d'y songer, car les intérêts lésés, les abus dévoilés, les ambitions déçues, les vanités froissées, les orgueils blessés deviennent des rancunes acharnées.

Qu'on ajoute à cela les passions politiques et

religieuses, et on aura une faible idée du joli petit enfer dans lequel doit vivre l'écrivain placé à la tête d'un journal indépendant.

Je compris vite la situation et résolus de m'en tenir au précepte d'Horace, *est modus in rebus*, c'est-à-dire à garder autant que possible un juste-milieu en tout. Je travaillais énormément au *Mémorial*, quelquefois douze et quatorze heures par jour. Que de fois ma lampe brûlait encore chez moi à deux et trois heures du matin pour finir un feuilleton ou un compte-rendu importants. A sept heures tous les jours j'étais au journal jusqu'à midi, puis j'y retournais de deux heures à sept et huit heures du soir. Je tenais à faire de l'actualité, car, pour moi, le succès de la presse en province est là.

Je rendais compte des pièces le lendemain du jour où elles étaient jouées ; et quand j'eus l'honneur d'accompagner M. de Persigny dans sa visite aux usines métallurgiques de la Loire, le lendemain à midi, la relation de son voyage, malgré son étendue, paraissait dans le journal. J'avais sténographié pendant la visite et écrit le tout dans la nuit. M. Théolier rendait justice à cette activité, à cette facilité d'écrire. Je l'étonnais par une rapidité d'exécution à laquelle il n'était pas habitué. Une seule chose le préoccupait : c'étaient mes opinions religieuses. Jamais il ne me questionna à cet égard, mais dans nos promenades à la campagne, il me conduisait chez des curés où nous étions fort bien reçus, et je lui causais une grande joie quand je l'accompagnais à la messe. Toutefois il ne sut jamais à quoi s'en tenir sur mes convictions à ce sujet. Je vais donc m'expliquer.

Sous ce rapport je tiens un peu de ma mère qui était pieuse sans être dévote. A dix ans, j'étais un des meilleurs élèves du catéchisme. Le curé me choisissait toujours pour réciter un acte quelconque lorsqu'il y avait du monde. Jusqu'à mon départ pour la marine j'ai rempli strictement tous mes devoirs religieux. Je crois même que c'est l'élan chrétien qui me poussa dans la voie du progrès.

Plus tard, quand j'eus lu l'*Imitation de Jésus-Christ*, le *Génie du Christianisme*, Leibnitz, Descartes, Mably, Bacon, Pascal, Bossuet et Jean-Jacques, mes idées changèrent. La doctrine de Gerson, qui est la loi du prêtre, me répugna. Je ne comprends pas la nécessité de l'abstraction dont il parle. A quoi bon tant se détruire, s'abîmer, pour être catholique. Je préfère de beaucoup le développement de l'esprit et du sentiment, en vue de la religion commune, indiqué par Châteaubriand, à l'annihilation absolue de l'intelligence et du cœur, préconisée par Gerson, en vue du salut éternel. L'*Imitation* veut qu'on rompe avec les devoirs de fils, de père, d'époux, avec tous les devoirs de la famille et de la société. C'est un livre dangereux, égoïste. Il ouvre la porte des cloîtres.

Châteaubriand, au contraire, prétend qu'il faut prouver que la religion chrétienne est la plus poétique, la plus humaine, la plus favorable à la liberté, aux arts et aux lettres, qu'il n'y a rien de plus divin que sa morale, qu'il n'y a rien de plus aimable, de plus pompeux que ses dogmes, sa doctrine et son culte, qu'elle favorise le génie, épure le goût, développe les passions vertueuses, donne de la vigueur à la pensée.

Selon l'auteur du *Génie du Christianisme*, les défenseurs des chrétiens au dix-huitième siècle tombèrent dans une faute qui les avait déjà perdus. Ils ne s'aperçurent pas qu'il ne s'agissait plus de discuter tel ou tel dogme, puisqu'on rejetait absolument les bases. En partant de la mission de Jésus-Christ, et remontant de conséquence en conséquence, ils établissaient sans doute fort solidement les vérités de la foi ; mais cette manière d'argumenter, bonne au dix-septième siècle, lorsque le fond n'était point contesté, ne valait plus rien de nos jours.

Il fallait prendre la route contraire, passer de

l'effet à la cause, « ne pas prouver que le christianisme est excellent parce qu'il vient de Dieu, mais qu'il vient de Dieu parce qu'il est excellent. » Bref, Châteaubriand nous dit : « Soyons flamme et lumière, pour tout croire il faut tout examiner. » Gerson, lui, veut au contraire, qu'on soit boue et poussière, qu'on n'examine rien si on veut croire. Je lus successivement Locke, Condillac, Montesquieu, Pascal, Montaigne, puis quelques Pères de l'Eglise, quelques moralistes et finalement j'en revins à l'Evangile.

Je restai chrétien sans rompre tout à fait avec les pratiques de l'Eglise, mais sans plus accepter en politique les conséquences de ses doctrines. Je n'admets pas que la religion commande de prendre parti pour ou contre quoi que ce soit, qu'on demande au spirituel l'appréciation du temporel, qu'on identifie la religion, par exemple, à la monarchie absolue, le trône et l'autel. Je m'étonne avec Leibnitz que des chrétiens se soient imaginés de pouvoir être dévots sans aimer le prochain et pieux sans comprendre Dieu. Je ne puis pas comprendre qu'on ait recours à la puissance irrésistible de Dieu, quand il s'agirait plutôt de faire voir sa bonté suprême, lorsqu'on devrait concevoir une puissance réglée par la plus parfaite sagesse.

Je comprends le culte, mais avec recueillement et mystère, ou avec pompe et poésie. Ne me parlez pas des chantres d'Eglise qui écorchent les oreilles par de fausses notes, des vieilles dévotes qui ronflent dans les églises un chapelet à la main, des chuchotements, cancans et médisances des âmes charitables qui considèrent l'église comme un lieu destiné à s'observer, à se diffamer les uns les autres, des hommes qui y vont pour être vus et qui y baillent, du tripotage des gros sous qui se fait pendant la messe ou à un office des morts, des querelles des enfants de chœur et des grognements du sacristain. Tous ces incidents, y compris les sermons politiques, me sont odieux et m'empêchent de prier. Ah ! ce n'est pas dans ces moments qu'on élève sérieusement son âme vers Dieu.

Ici, à Saint-Etienne, et dans plusieurs communes de la Loire on rencontre, chaque dimanche, à la porte des églises, des groupes s'entretenant de choses mondaines ou profanes et qui se figurent sérieusement être bons catholiques, après avoir ainsi entendu la messe. Je les plains, mais ne les imiterai jamais.

Je n'entre pas dans de plus grands développements, parce que j'écris tout ceci au jour le jour, au courant de la plume, au milieu de mes affaires, entre des visites, et le temps me presse.

Je reviens donc au *Mémorial*. Il marchait à pleines voiles dans la voie de la prospérité. Les légitimistes et le clergé s'étonnaient bien un peu de mes allures libérales, cela devait même les contrarier, mais leurs observations, faites en dehors de moi, étaient loin d'avoir la forme hostile qu'elles devaient prendre plus tard.

Bien que M. Théolier eût conservé quelque rancune de ce qu'on lui avait fait payer l'insuccès de son concurrent le *Courrier de la Loire* et qu'il ne voulût faire de la politique gouvernementale que juste ce qu'il fallait pour ne pas indisposer le préfet, je ne lançai pas moins le *Mémorial* dans la voie nouvelle où le Gouvernement entrait, en prévision de la guerre d'Italie, que j'avais presque prédite, un an avant qu'elle fût déclarée.

On a beaucoup parlé de mes relations avec M. Thuillier; on a même prétendu qu'il revoyait la plupart de mes articles. Jamais M. Thuillier n'a manifesté une prétention aussi exorbitante, parce qu'il savait que jamais je n'y aurais souscrit.

L'incident que je vais raconter démontrera que je n'ai, dans aucune circonstance, laissé méconnaître, en ma personne, le droit de l'écrivain indépendant, ni manquer au respect dû à sa dignité.

C'était le 4 décembre 1859. J'avais publié dans

le numéro de ce jour un feuilleton de théâtre, où je traitais un peu vertement certains procédés du directeur, M. Janselme, envers la presse. Le journal était sous presse à midi, et, comme d'habitude, j'étais rentré chez moi. A peine étais-je à table, qu'on vint me prévenir que M. Tourangin me faisait demander, et qu'en attendant on avait, sur sa demande, remplacé le feuilleton de théâtre par la suite du feuilleton en cours de publication. Je me rendis à la préfecture, et là, en présence de M. Tourangin, qui se récriait très-fort contre mon article sur M. Janselme, je donnai l'ordre de le remettre sous presse et de le faire paraître.

La scène fut chaude, mais je ne voulus pas reconnaître à l'administration le droit de s'immiscer dans le journal.

— S'il y a délit, ai-je dit à M. Tourangin, vous ferez saisir le journal quand il aura paru, mais je n'accepte pas de mesure préventive.

M. Tourangin m'avoua depuis que c'était la première fois peut-être qu'il se fût mis en colère.

Il y avait à ce moment et depuis longtemps déjà quelques tiraillements entre l'administration préfectorale et la mairie. M. Thuillier, homme de progrès et qui ne voulait pas être venu à Saint-

Etienne pour n'y rien faire d'utile, désirait aller en avant, et l'administration municipale refusait de se lancer dans les dépenses. Elle redoutait, bien à tort, de grever l'avenir au bénéfice du présent. Ces tiraillements étaient connus, et comme ils coïncidaient avec d'assez vives critiques de ma part de l'administration municipale, on en concluait que je prenais mes inspirations à la préfecture. C'est une erreur. Homme de progrès comme M. Thuillier, je voulais faire abandonner à la mairie ses vieux errements, je réagissais et contre ses habitudes de se soustraire à toute discussion, à tout contrôle, et contre ses calculs économiques surannés, mais j'agissais ainsi de ma propre volonté, selon ma nature et les habitudes de toute ma vie de publiciste. Si M. Thuillier est intervenu, ce fut pour m'engager à ne rien envenimer, car déjà M. Faure-Belon avait porté sa démission au préfet. Mais il ne me poursuivit pas judiciairement pour mes articles. Cependant, à cette époque, il aurait pu me poursuivre avec plus de raison qu'au 28 novembre dernier.

M. Faure se tromperait étrangement s'il croyait à une animosité de ma part. Je n'ai jamais eu aucune raison de lui en vouloir. Tout ce que j'ai écrit sur lui ou sur son administration n'a jamais eu pour but que de l'éclairer et de satisfaire aux vœux du public qu'il semble ne pas connaître. Entouré d'amis plus ou moins désintéressés, je le crois circonvenu, abusé sur ses véritables intérêts et sur la conduite de quelques-uns de ses agents. S'il la connaît, ou il n'a jamais voulu leur donner tort, ou il a toujours reculé devant des mesures pouvant compromettre des positions établies. L'avenir dira si j'ai été injuste ou si j'ai bien jugé la situation.

XII

La guerre d'Italie, en portant la prospérité du *Mémorial* à son apogée, devint la cause directe des haines violentes qui me poursuivirent. Ce qui lui a profité m'a nui.

Cette guerre si populaire, puisqu'elle avait pour but l'affranchissement des peuples de l'Italie, fut mal accueillie dans le département de la Loire, par le clergé d'abord, qui en pressentait les conséquences fatales pour le pouvoir temporel du pape, et ensuite par tous les ultramontains et partisans du principe qu'ils appellent la légitimité du droit divin.

Chose remarquable ! dans un pays où les possesseurs des plus grandes fortunes sont les fils de leurs œuvres, des enfants du peuple devant tout à la Révolution, on les trouve, pour la plupart, dans les rangs de la réaction, c'est-à-dire dans le camp légitimiste et ultramontain. Pourquoi ? Je crois qu'ils seraient bien embarrassés de le dire eux-mêmes.

Remarquez que je comprends très-bien qu'un Montmorency, qu'un La Trémouille, que des hommes qui doivent tout aux familles déchues ou qui en attendent quelque chose soient légitimistes. Ce sont des convictions logiques, respectables, ayant une raison d'être, bien que je n'admette pas qu'on puisse aspirer à marcher en arrière. Mais que des familles de prolétaires, devant tout à la liberté, issues de la révolution de 89, aillent grossir les rangs de l'ancienne noblesse qui a opprimé leurs aïeux, voilà ce que je ne comprends pas.

Est-ce que des fortunes noblement acquises dans l'industrie devraient aller se fourvoyer dans le camp légitimiste ou ultramontain? J'admets une Restauration. Qu'y gagneraient tous ces fils d'industriels et de paysans? Pensent-ils que la vieille noblesse, si pleine de morgue, si jalouse de ses prérogatives les recevrait dans ses salons ou les laisserait participer aux affaires? Allons donc! L'histoire du passé est là pour attester le contraire.

Ces travers de légitimité sont plus nombreux qu'on ne pense dans notre département. Que de fils d'anciens chapeliers de Chazelles, par exemple, ayant acheté des domaines dans la plaine du Forez, ont pris les noms de ces domaines! Que d'autres se rendent ridicules par leur aristocratie du lacet ou du ruban! Mais ne sachant pas se distinguer par les immenses services qu'ils pourraient rendre à leur pays, avec les fortunes considérables qu'ils possèdent, ils veulent, comme on dit, faire du genre, ils croient de bon ton de s'enrôler sous la bannière de la légitimité. Ces malheureux ne se doutent pas que l'écroulement de l'Empire les ensevelirait sous ses ruines. Quoiqu'il en soit de cet aveuglement, il existe, et pour l'avoir constaté j'ai vu se former contre moi une ligue qui est bientôt venue renforcer la faction ultramontaine. Fidèle aux convictions de toute ma vie, j'ai applaudi à la guerre d'Italie ayant pour but d'affranchir des peuples courbés sous l'oppression, et je n'ai pas hésité à me prononcer pour l'abolition du pouvoir temporel du pape, comme étant un obstacle à l'unité et à l'indépendance de l'Italie.

A partir de ce moment on organisa contre moi une véritable conspiration. On essaya d'abord d'agir sur la propriété du journal par le désabonnement. Membres du clergé, légitimistes et ultramontains refusèrent le journal. Cela constituait une si faible minorité en présence de l'accroissement des abonnés et de la vente du journal qu'il n'y avait pas à s'émouvoir. D'ailleurs M. Théolier comprenait qu'au milieu des événements qui se déroulaient nous ne pouvions prendre une autre attitude. Malheureusement

M. Théolier mourut et des hommes abusés, entraînés par mes ennemis, à la tête desquels je fus fort étonné de trouver M. Buhet, notaire et maire de Roche-la-Molière, se rendirent auprès de M. Thuillier pour porter contre moi des accusations ridicules et lui demander mon changement. M. Thuillier ne répondit à cette démarche qu'en les engageant, notamment M. Buhet, à ne pas persister dans la voie fâcheuse où il était entré et à se rapprocher de moi comme représentant les idées de progrès dont il se disait partisan.

Un jour M. Buhet m'aborda rue de Foy et me fit des excuses me disant qu'il avait été trompé et entraîné, qu'il reconnaissait ses torts. Il se montrait fort irrité contre Mme Théolier qui avait choisi M. Teste-Noire Lafayette, un autre notaire, pour procéder à l'inventaire après la mort de M. Théolier.

Comme je ne me suis jamais occupé de M. Buhet, ni de ses convictions, ni de ses actes comme notaire, ni de sa participation à la Compagnie immobilière, j'eus lieu d'être surpris d'une hostilité que rien ne justifiait. Il en est d'autres du même genre que je crois devoir passer sous silence pour ne pas raviver des scènes pénibles. Ce que je puis dire, c'est que si ma conduite libérale au *Mémorial* devait déplaire à quelqu'un, ce n'était pas à un homme ayant prêté serment, comme maire, au gouvernement impérial. M. de Rochetaillée et quelques autres vinrent directement me trouver, ce qui était plus convenable, et me prévinrent qu'ils se sépareraient du journal si je persistais à ne pas défendre le pouvoir temporel du pape. Pendant le même temps on agissait puissamment sur Mme Théolier, qui oublia un peu trop vite les services rendus, et au nombre desquels il faut placer les annonces de Roanne que M. Thuillier m'avait accordées. Je ne veux pas rappeler ici avec quel dévoûment je servais les intérêts de Mme Théolier, mais j'affirme n'avoir jamais autant fait pour mes intérêts propres.

La grande question du pouvoir temporel du pape, qui se trouvait naturellement posée par les événements que nos armes accomplissaient en Italie, me créa plus d'ennemis que tous les actes de ma vie politique, et ce sont ces ennemis qui ameutèrent contre moi tous les amours-propres, toutes les passions, tous les intérêts. Tout fut exploité à mon détriment et la campagne fut rude, mais je tins bon.

Voici quelques unes des lettres aimables qui me furent adressées à une époque où le *Mémorial* avait trois fois autant d'abonnés qu'aujourd'hui, car le tirage est allé jusqu'à 4,000 et j'avais pris ce journal à 1,200 abonnés :

« Saint-Etienne, 30 décembre 1859.

« Monsieur le rédacteur,

« Je viens vous prier de ne plus m'envoyer votre journal, hostile sous des formes hypocrites, posant comme le maître de nos évêques et du pape. Vous vous dites encore en union avec le clergé. Non, Monsieur, cette union n'existe pas ; et si vous vouliez être sincère, vous devriez plutôt avouer qu'il s'en détache tous les jours. Un catholique, et plus encore un prêtre, ne saurait pactiser avec les ennemis de sa religion ; il connaît les devoirs et la soumission qu'il doit à son évêque et au pape.

» Je vous prie donc, Monsieur, à partir de ce jour, de ne plus me compter parmi vos abonnés.

» Je suis votre tout dévoué serviteur.

» L. DE LAPLAGNE,
» *Curé de Saint-François-Regis.* »

La lettre suivante est plus laconique, mais non moins significative :

« Monsieur,

» Votre polémique sur le pouvoir temporel du souverain pontife ne me permet pas de renouveler mon abonnement pour 1860.

» Je vous prie donc de ne plus me l'envoyer à dater de ce jour.

» J'ai l'honneur de vous saluer.

» Notre-Dame, Saint-Etienne, le 31 décembre 1859. »

» DELPHIN,
» *Chanoine, curé de Notre-Dame.* »

Cette autre lettre est un flambeau pour ceux qui doutent encore des idées ultramontaines de certaine partie du clergé :

« Monsieur le rédacteur en chef,

» Je ne lis que maintenant votre article du 28.

» Vous dites : « Nous affirmons que ni notre clergé, ni nos populations éclairées ne voudraient rien avoir de commun avec les étranges doctrines de M. Veuillot. »

» Vous affirmez que nous, prêtres de St-Etienne, nous n'avons rien de commun avec les doctrines de M. Veuillot ? Par conséquent, d'après vous, quand M. Veuillot, dans son dévoûment pour l'église, enseigne que le domaine de saint Pierre est *justement* possédé par notre saint-père le pape ; que le domaine de saint Pierre est *nécessaire* à notre saint-père le pape pour la *liberté* de son gouvernement *spirituel ;* que prendre quoi que ce soit du domaine de saint Pierre c'est un *péché de vol sacrilége :* d'après vous quand M. Veuillot enseigne ces doctrines, nous ne pensons pas comme lui ?...

» Monsieur, où avez-vous pris cela ?

» Y a-t-il un prêtre de cette ville — citez-en

donc un seul — y a-t-il un prêtre de cette ville qui ne croie pas, comme M. Veuillot : 1° que le domaine de saint Pierre est *justement* possédé par notre saint-père le pape ; 2° que le domaine de saint Pierre est *nécessaire* à notre saint-père le pape pour la *liberté* de son gouvernement *spirituel ;* 3° que prendre quoi que ce soit du domaine de saint Pierre, c'est une action que l'Eglise, infaillible dans ses décisions sur le *dogme* et la *morale,* juge *péché*, *péché de vol sacrilége,* péché digne d'*excommunication* ?

» N'est-ce pas là la doctrine que tient notre saint-père le pape ; que tiennent tous Nosseigneurs les évêques sur toute la surface du globe ; que tiennent tous les catholiques qui ont la *foi* et les *œuvres* de notre Seigneur et Dieu Jésus-Christ, par conséquent que tiennent tous les prêtres?

» Je viens donc avec indignation protester contre votre article.

» Et puis, Monsieur, je vous en prie, ne *faites* pas la parole de Dieu. Il ne vous est permis que de la *citer*.

» J'ai l'honneur de vous saluer, votre très-humble serviteur,

» P. Bridet,

» *Vicaire de Sainte-Barbe.*

» Au Soleil, à Saint-Etienne, 31 décembre 1859. »

Enfin, M. l'abbé Frécon, qui m'avait attaqué d'une façon inconvenante, sous le voile de l'anonyme, dans la *Gazette de Lyon*, où il demandait formellement mon remplacement au *Mémorial*, M. l'abbé Frécon, voulait à toute force me faire insérer une formule d'excommunication autre que celle que j'avais publiée. Les lettres injurieuses ne me manquaient pas. J'écrivis :

« Trois membres du clergé stéphanois nous ont écrit pour discuter la formule d'excommunication que nous avons reproduite.

» Au premier, nous avons répondu que nous ne voulions pas ouvrir la porte à une discussion qui ne serait pas sans inconvénients pour ceux qui la provoquent et nous n'avons pas inséré sa lettre.

» Au second nous avons demandé quelques modifications essentielles dans la rédaction de sa réponse, et nous l'avons publiée, ainsi atténuée le 4 avril 1860, malgré ses assertions erronées, ses appréciations injustes qui pouvaient donner lieu à de triomphantes répliques. Le troisième est M. l'abbé Frécon, vicaire de Sainte-Marie, le même qui a écrit contre nous des lettres ne brillant ni par l'exactitude des renseignements, ni par les sentiments chrétiens. M. l'abbé Frécon paraît avoir oublié ou espère avec raison que nous avons oublié ce qu'il appelle « nos petits différends. »

bien que nous n'ayons jamais eu le moindre rapport avec lui, ni directement, ni indirectement. Jamais non plus nous ne l'avons ni cité ni désigné, pas même après son inqualifiable attaque que rien ne pouvait justifier, sinon le désir de nuire à un adversaire politique.

» Aujourd'hui, M. l'abbé Frécon, amplifiant sur la lettre que nous avons insérée le 4 avril, nous écrit que l'accès facile que nous laissons à toutes les opinions religieuses de se reproduire dans nos colonnes, nous a fait citer une formule d'excommunication « inexacte » et « faisant appel à notre impartialité », il nous prie d'insérer une véritable formule d'excommunication dont le texte a été traduit du *Pontifical romain* par l'archiviste de Douai.

» Tout d'abord, nous croyons devoir décliner les éloges de M. l'abbé Frécon, pour le prétendu accès facile que nous laissons aux opinions religieuses de se produire dans le *Mémorial*, car nous considérons, au contraire, dans bien des cas, comme inutile et dangereuse l'invasion des opinions (lisez des passions) religieuses dans la presse. Selon nous, la religion ni ses ministres n'ont rien à gagner à la polémique qu'ils ont provoquée depuis quelque temps. Or, nous sommes trop bon catholique, nous avons trop le sentiment du respect dont la religion et ses ministres doivent être entourés pour laisser s'engager des polémiques affligeantes pour l'Eglise, car nous avons reçu déjà plusieurs réponses à la lettre du 4 avril et si nous les avions insérées, comme cette impartialité dont on parle nous en faisait un devoir, qu'en serait-il résulté ? Des raisons pour, des raisons contre, et la guerre eût été allumée.

» Cette lettre du 4 avril qualifiait » d'absurde parodie renouvelée de Luther, » la formule que nous avons reproduite, après tous les journaux, et l'attribuait à Sterne, le spirituel auteur du *Voyage sentimental*. De là, les appréciations fausses dont nous avons parlé, puisées dans le *Dictionnaire biographique* du R. P. jésuite Feller qui n'a ménagé aucun des écrivains n'appartenant pas à l'école ultramontaine.

« Il était facile de discuter cette lettre, de la réfuter, mais nous avons cru devoir nous abstenir.

» Toutefois, nous ne pouvions nous dispenser de mentionner que le journal qui avait lancé le premier la formule, objet de tant de colères irréfléchies, déclara nettement et prouva que cette formule n'avait pas été prise dans Sterne, mais b en dans *Dom Bouquet* prêtre et religieux de la Congrégation de Saint-Maur. On démontra de plus qu'elle existe dans les *Capitulaires* d'Etienne

Baluze, professeur de droit canon au collége de France.

» On peut juger après cette révélation de la confusion, de l'embarras de ceux qui s'étaient trop hâtés de révoquer en doute l'authenticité catholique de ce document.

» Il s'en est suivi dans la presse une discussion irritante, passionnée, qui dure encore. Chaque journal tint à faire preuve d'érudition. On s'est mis à fouiller les bibliothèques, les archives, à compulser les Pères de l'Eglise et à remplir des colonnes entières de textes nouveaux empruntés à Dom Martine, à saint Thomas, à saint Augustin, et à citer des formules d'excommunication plus nombreuses qu'on ne l'avait dit, et qui ont produit un plus triste effet encore que la première.

» Voilà l'œuvre des zélés, dans le genre de notre correspondant du 4 avril et de M. l'abbé Frécon, voilà ce qu'il en a coûté d'avoir traité avec irrévérence un document sérieux et authentique, d'avoir dit que c'était une pièce manifestement ridicule et falsifiée, d'avoir nié un acte reconnu par l'Eglise qui est immuable.

» Puisque l'occasion s'offre naturellement de nous expliquer sur cette question, nous dirons que notre conviction est, que plus on produira de documents et d'opinions sous les yeux du public, plus il deviendra évident que cette arme du saint-siége ne saurait, sans froisser nos mœurs et s'écarter du véritable esprit du catholicisme, être employée à la défense d'intérêts matériels, surtout lorsque ces intérêts sont en contradiction avec les droits naturels des peuples.

» C'est aussi l'opinion de l'immense majorité dans notre pays, mais nous avons quelques individualités qui semblent avoir des yeux pour ne point voir, des oreilles pour ne pas entendre, et qui nous font sortir malgré nous de notre réserve habituelle. Ils se sont parqués au milieu d'un centre d'idées, dont ils ne veulent pas démordre, et ne lisant que ce qui flatte ces idées, ne voyant que des gens qui les partagent, ils se figurent résumer l'opinion publique et s'étonnent de ne pas nous voir partager leur erreur, suivre cette voie fatale dans laquelle ils sont engagés.

» Ils ne comprennent pas qu'un journal s'adresse à tout le monde et non à une coterie, qu'il doit ménager toutes les opinions, toutes les susceptibilités, même les leurs, que nos abonnés se composent de catholiques, de protestants et d'israélites mêmes, de gallicans aussi bien que d'ultramontains, d'hommes de toutes les nuances politiques enfin, et qu'il faut adopter pour règle de conduite la modération en tout. C'est à quoi nous nous sommes appliqué depuis que nous avons pris la rédaction du *Mémorial*, et nous n'avons qu'à nous féliciter de cette ligne de conduite. Appuyé sur le progrès, sur le sentiment de l'intérêt général, voué à la défense de la politique nationale qui peut rendre la France prospère à l'intérieur, glorieuse et respectée à l'extérieur, nous tenons à éclairer les esprits et non à les égarer. »

Je rappelle cet article pour bien préciser le point où en était le débat. Ce fut bien autre chose quand parut la brochure le *Pape et le Congrès.* M. Palluat fils nous écrivit pour nous demander de publier la réponse de M. Dupanloup et l'article suivant fut composé, mais il ne parut pas :

» Nous avons reçu quelques lettres au sujet de la question soulevée par la brochure *le Pape et le Congrès.* Parmi ces lettres, nous en remarquons une de M. Palluat qui résume les autres et nous dispense de les mentionner. M. Palluat nous écrit « qu'il a été grandement surpris de ne pas trouver » dans le *Mémorial de la Loire* la réponse de Mgr » Dupanloup à la brochure, avant d'y lire la lettre » du *Constitutionnel* réfutant les arguments de » Mgr l'évêque d'Orléans. »

» Tous les journaux *catholiques* de Paris et de la

» province, dit M. Palluat, se sont hâtés de pu-
» blier le remarquable écrit de l'éminent prélat. »

» Nous commencerons par objecter à M. Palluat que nous ne sommes pas tenu à reproduire tous les documents qui paraissent, attendu que nos colonnes n'y suffiraient pas, et que la lettre du *Constitutionnel*, citant paragraphe par paragraphe la réponse de Mgr Dupanloup, c'était suffisamment la faire connaître. Ensuite, nous ferons remarquer à M. Palluat qu'il se trompe en disant que tous les journaux *catholiques* ont reproduit l'écrit de Mgr l'évêque d'Orléans. Cet écrit n'a été reproduit que par les journaux *légitimistes* notoirement hostiles au Gouvernement, aussi bien à Paris qu'en province. Est-ce que le *Constitutionnel*, la *Patrie*, le *Messager*, voire même le *Pays*, journal dévoué à la cause papale, ont reproduit la brochure de Mgr Dupanloup? L'*Univers* lui-même, dont on ne contestera pas le dévoûment aux intérêts du saint-siége, l'*Univers* s'est abstenu!

» M. Palluat nous demande comment le public pourra se décider, ne connaissant l'un que par les citations écourtées qu'en fait son adversaire. « La
» question qui s'agite aujourd'hui, ajoute-t-il, est
» une question trop importante pour ne pas y ré-
» pandre les lumières les plus vives. »

» Sur ces deux points nous différons complétement d'opinion avec M. Palluat.

» Nous pouvons lui affirmer que le public se préoccupe très-médiocrement de savoir si les Romagnes resteront indépendantes ou rentreront sous l'autorité papale, et les journaux légitimistes et ultramontains ont seuls fait de cette question une question importante. Quant au peuple, que l'on essaie inutilement de passionner, si on le consultait sérieusement, il dirait naturellement qu'il est pour le droit reconnu aux Italiens de disposer d'eux-mêmes.

» En terminant, M. Palluat nous rappelle, ce que nous n'avons jamais oublié, que le *Mémorial de la Loire* est un journal catholique, qui s'est toujours montré un zélé défenseur de l'*intégrité* du pouvoir temporel du pape, et il espère que nous reproduirons la défense de Mgr l'évêque d'Orléans.

» Oui, le *Mémorial* était un journal catholique, mais il est aujourd'hui un journal fermement résolu à défendre les idées d'ordre et de progrès qui peuvent seules assurer la prospérité de la France. C'est pourquoi nous persistons à ne pas donner place dans nos colonnes à la brochure de Mgr Dupanloup, parce qu'elle est bien plutôt un appel à des passions dangereuses qu'une défense des droits du saint-père.

» Qu'on en juge par ce qu'en dit le *Pays*, une des feuilles les plus dévouées aux intérêts catholiques :

« Nous sommes loin, dit-il, de défendre le nou-
» vel écrit de Mgr Dupanloup; nous croyons au
» contraire que, dans cet écrit, Mgr l'évêque
» d'Orléans a dépassé les limites de la modéra-
» tion, et qu'il s'est écarté de l'esprit sage et libé-
» ral dont il avait autrefois donné des preuves. »

» Ce sont ces considérations qui nous ont déterminé, comme le *Pays*, à ne pas reproduire la brochure de Mgr Dupanloup. Mais pour prouver à M. Palluat que nous n'avons jamais varié dans la ligne politique suivie par le journal, nous l'engageons à relire ce que nous disions dans notre numéro du 3 de ce mois, rappelant un article du 30 septembre dernier.

» Nous ne pouvons nous faire le complice d'actes qui, n'importe d'où ils viennent, ne tendent à rien moins qu'à chercher à attiédir ou à détacher les adhésions reconnaissantes conquises depuis huit ans par la politique si éminemment nationale de l'Empereur. »

Au lieu de cet article, j'écrivis la lettre suivante à M. Palluat :

» Monsieur,

« Vous m'avez fait l'honneur de m'écrire que vous avez été grandement surpris de ne pas trouver dans le *Mémorial de la Loire* la réponse de Mgr Dupanloup à la brochure le *Pape et le Congrès* avant d'y lire la lettre du *Constitutionnel*, réfutant les arguments de Mgr l'évêque d'Orléans. Cette abstention de ma part provient tout simplement de ce que l'écrit de Mgr Dupanloup a dépassé les limites de la modération et s'est écarté de l'esprit sage et libéral dont il avait autrefois donné des preuves.

« Dans cette circonstance, nous n'avons fait que suivre l'exemple des journaux les plus dévoués aux intérêts du saint-siége qui n'ont pas cru devoir reproduire ladite réponse. Les journaux légitimistes et notoirement hostiles au Gouvernement ont seuls publié l'écrit de Mgr Dupanloup et ce n'est pas là que nous cherchons nos inspirations.

« Le *Mémorial de la Loire* était, en effet, un journal catholique, mais il est actuellement un journal dévoué au Gouvernement, fermement résolu à défendre sa politique et les idées d'ordre et de progrès qui peuvent seules assurer la prospérité de la France.

« J'ai donc le regret, Monsieur, de ne pouvoir accéder à la demande que vous me faites d'insérer votre lettre dans les colonnes du *Mémorial*.

« Je craindrais qu'on ne prît pour une manifestation d'un parti, manifestation qui resterait sans écho dans le pays, une lettre qui, j'en suis convaincu, vous a été inspirée par d'autres sentiments.

« Veuillez agréer, etc.

« Ch. Robin. »

A tort ou à raison, on croyait que M. Palluat voulait poser un drapeau et à la suite de conseils d'amis, je résolus de ne m'y pas prêter.

Je n'ai pas le temps de compulser plus longtemps. A quoi bon, d'ailleurs, revenir sur d'affligeants débats? N'ai-je pas suffisamment démontré à quel point les passions hostiles étaient surexcitées? Ces passions devinrent de la haine, une haine ardente, une haine de jésuites, et la corde était si tendue entre Mme Théolier et moi que je consentis à résilier le traité qui la liait et à donner ma démission de rédacteur en chef. Venu libre au *Mémorial*, j'en sortis librement après y avoir rempli une mission qui fut appréciée comme elle devait l'être.

Je partis pour Paris, et les négociations entamées pour faire ma rentrée dans la presse parisienne étaient presque terminées, lorsqu'on me proposa d'utiliser mes connaissances du pays au service de l'industrie. On m'engagea à fonder un journal industriel, et le 15 juillet 1860, le premier numéro de ce journal parut.

Qu'on juge de la stupéfaction de mes ennemis? Ils croyaient en avoir fini avec moi et ils me voyaient reparaître à la tête d'un nouvel organe. Les tracasseries continuèrent, moins vives cependant, parce qu'on se consolait en pensant que les matières politiques m'étaient interdites.

Mais quelle ne fut pas la colère qui s'empara du parti ultramontain quand, après la rentrée de M. de Persigny au ministère de l'intérieur, on apprit que le *Courrier de Saint-Etienne* allait opérer sa transformation en journal politique quotidien !

L'effroi fut au camp de mes adversaires ; avoir tant fait pour renverser un écrivain de la rédaction du *Mémorial* et le voir reparaître comme propriétaire d'un nouveau journal ! Alors on intrigua, on se remua, on fit mouvoir toutes les influences possibles pour m'empêcher d'obtenir l'autorisation. Ce serait une histoire à écrire que de raconter tout ce qu'on mit en jeu dans cette circonstance pour détourner le ministre de la décision qu'il se proposait de prendre. Mais M. de Persigny tint bon et l'autorisation me fut accordée.

Bien plus, sur mes observations et pour assurer complétement mon indépendance, pour me placer au-dessus des coteries qui auraient pu essayer de nous entraver sous le rapport de l'impression du journal, M. de Persigny m'accorda un brevet d'imprimeur. Cela déconcerta les plus acharnés de mes adversaires. Dès ce moment, ils résolurent, par des moyens détournés, par d'autres manœuvres, de recommencer la lutte contre moi, et quelle lutte !

Le premier numéro du *Courrier de Saint-Etienne* transformé, parut le 16 avril 1861, en prenant pour programme même un passage de l'une des circulaires de M. de Persigny, engageant la presse à signaler les abus dans l'administration et dans la société et à éveiller partout la vie sociale, industrielle, etc.

J'ai dit, en commençant ces *Confessions* quel avait été le programme suivi : il est donc inutile d'y revenir et de rappeler par quelle série d'intrigues, de cabales ourdies, de manœuvres déloyales, la faction jésuitico-ultramontaine a essayé de paralyser l'œuvre naissante et de la détruire. On a commencé par des bruits malveillants pour finir par la calomnie, et quand on a vu que le journal réussissait quand même, on a cherché à atteindre l'homme qui l'avait fondé, qui le dirigeait.

Je ne veux pas toucher aux événements qui se sont passés depuis le départ de M. Thuillier et son remplacement par M. Sencier. De quelque manière que je m'y prenne pour dire une partie de la vérité, on me trouverait certainement répréhensible.

Je termine. Tout le monde sait qu'amené devant le tribunal de commerce pour avoir quitté un imprimeur qui compromettait mon entreprise, on m'a frappé avec une rigueur sans précédents ; traîné en police correctionnelle pour un article sur l'éboulement de la voûte du Furens où on a voulu voir une diffamation envers le maire, dont j'avais cependant mis la loyauté en dehors du débat incriminé, on m'a encore frappé avec une rigueur plus grande.

D'une part on m'a pris par la bourse en me condamnant à 15,000 fr. de dommages-intérêts, en vertu d'un jugement exécutoire par provision, nonobstant appel, sans caution de mon adversaire; d'autre part, on m'a attaqué dans mon honneur et atteint dans ma liberté.

Provisoirement j'ai payé les 15,000 fr. et, par ces *Confessions*, j'ai essayé de réfuter les étranges accusations dirigées contre moi, à propos d'une voûte écroulée, en souhaitant, je le répète, que mes adversaires puissent ainsi exposer leur vie publique et privée, et en attendant que la Cour d'appel de Lyon se prononce sur les deux appels que j'ai interjetés des deux jugements prononcés contre moi.

J'espère, avec l'aide de la justice et des amis qui se pressent autour de l'œuvre libérale que j'ai fondée, continuer à marcher dignement dans la voie où j'ai été heureusement soutenu par de nobles cœurs et de grandes intelligences, où j'ai pour me guider les immortels principes qui doivent assurer l'indépendance et la gloire de la France.

St-Etienne. — Imp Ch. Robin, place Marengo, 5.

www.ingramcontent.com/pod-product-compliance
Ingram Content Group UK Ltd.
Pitfield, Milton Keynes, MK11 3LW, UK
UKHW020246250726
13967UKWH00004B/1543